Dr Schubart

Zur Geschichte des Gymnasiums in Bautzen

auf das Schuljahr 1862 - 1863

Dr Schubart

Zur Geschichte des Gymnasiums in Bautzen
auf das Schuljahr 1862 - 1863

ISBN/EAN: 9783743690554

Hergestellt in Europa, USA, Kanada, Australien, Japan

Cover: Foto ©ninafisch / pixelio.de

Weitere Bücher finden Sie auf **www.hansebooks.com**

JAHRESBERICHT

über das

Gymnasium zu Budissin

auf das Schuljahr 1862—1863.

Womit

zu der am 26. und 27. März zu haltenden

öffentlichen Prüfung aller Classen

und der

am 29. März Statt findenden

Gedächtnisfeier

des

DR. GREGORIUS MÄTTIG

im Namen des Lehrercollegiums

ehrerbietigst und ergebenst einladet

der Rector

Prof. Dr. Friedrich Palm,

Ritter des Kgl. Sächs. Albrechtordens.

Voran steht eine Abhandlung vom Gymnasiallehrer Dr. Schubart:
Zur Geschichte des Gymnasiums in Budissin. I.

BUDISSIN. 1863.
Gedruckt bei Ernst Moritz Monse.

VORWORT.

—◇—

Der Wunsch, zu meiner eignen Belehrung den innern Entwickelungsgang der sächsischen Gymnasien, insbesondere der sogenannten lateinischen oder Particularschulen einmal genauer zu verfolgen, wurde noch lebhafter in mir angeregt, als ich nach meiner Versetzung an das hiesige Gymnasium Michaelis 1861 in neue und mir vollständig unbekannte Verhältnisse eintrat. So habe ich mich denn in den wenigen Mussestunden, welche mir mein Amt übrig liess, mit der Geschichte der evangelischen Schule, wie das hiesige Gymnasium früher genannt wurde, beschäftigt, welche im Zusammenhange wenigstens bis jetzt noch nicht dargestellt worden ist; denn der Abschnitt, welchen K. A. Hessler in seinem Buche „die milden Stiftungen der Stadt Budissin" III, S. 1 ff. dem Gymnasium gewidmet hat, behandelt dem Plane des Verfassers gemäss nur die finanzielle und öconomische Seite desselben, und der Stadtrath Dr. Klien, welcher eine Geschichte des Gymnasiums vorbereitet hatte (vgl. die von demselben 1846 herausgegebene „kurze Nachricht über die Begründung des Budissiner Gymnasiums" S. 4) ist leider durch den Tod an der Ausführung seines Planes verhindert worden. In den gedruckten Chroniken von Budissin aber, z. B. in der von Böhland und Wilke, ist die Geschichte des Gymnasiums nur gelegentlich und gewöhnlich kurz berührt. Ich würde mich freuen, wenn es mir vergönnt gewesen wäre, dem erwähnten Mangel abzuhelfen und eine vollständige Geschichte des Gymnasiums zu geben; aber dazu reichten Zeit und Kraft nicht aus, denn schon die Vorarbeiten zu einer solchen erfordern bei der Zerstreutheit des Materials eine längere Musse. Ich habe mich daher mit dem Versuche begnügen müssen, nur die innere Entwickelung des hiesigen Gymnasiums, die ja auch das meiste Interesse für mich hatte, und zwar bis zu dem Jahre 1835, wo dasselbe die im ganzen jetzt noch bestehende Einrichtung erhielt, kurz darzustellen; und auch hierzu, dessen bin ich mir wohl bewusst, wird sich bei fortgesetztem Quellenstudium noch manche Berichtigung ergeben. Denn ich habe bis jetzt nur diejenigen Quellen benutzen können, die ich in Budissin selbst aufgefunden habe, und diese sind ziemlich spärlich.

Ausser den Programmen, die aber aus der ältern Zeit weder im Gymnasialarchiv noch auf der Rathsbibliothek vollständig vorhanden sind, sind besonders lehrreich für mich gewesen die Praxis lectionum und die Schulnachrichten vom Rector Theil nebst den Verzeichnissen der Schüler, insbesondere der neu aufgenommenen von 1642 an, und die Leges scholasticae, decreto atque auctoritate amplissimi senatus reipublicae Budissinensis in usum scholae ibidem evangelicae sancitae et publicatae anno Christi MDCC; beides aus dem Archiv des Gymnasiums. Ausserdem verdanke ich der gütigen Vermittelung des Herrn Stadtrath Hessler, welchem ich sowohl dafür als für mehrere freundliche

1

Nachweisungen meinen verbindlichsten Dank auch hier ausspreche, die Mittheilung mehrerer für mich interessanter Actenstücke aus dem Rathsarchiv „die Evangelische Stadt-Schule allhier in Budissin, und derselben wegen gemachte Veranstalltungen betreffend", in deren erstem sich das Original der „vornewerten Schullordnung anno 1557" (abgedruckt bei Hessler Stift. III S. 43 ff.) und zwei wichtige Programme befinden. Das eine ist vom Rector A. Nehrkorn a. 1592 und enthält ausser seiner Antrittsrede die „doctrina et disciplina scholae novae in celebri Budissinensi republica"; das andere ist der Catalogus exercitiorum tam oratoriorum quam disputatoriorum, quae Jehova duce et labore comite intra anni CIƆIƆCXIX spatium in suprema paedagogi Budissinensis classe instituit M. Leonhartus Gensel Rector", welches durch ein anderes vom J. 1619 in dem neunten Bande der Platzischen Chronik ergänzt wird.

Von den übrigen Programmen verdienen folgende zwei besonders erwähnt zu werden:

Kurtzer Entwurff, wie in dem budissinischen Gymnasio seithero die anvertraute Jugend sowohl in Doctrina, als Disciplina, unter göttlichem Segen angeführt worden. nebst einigen annectierten Postulatis, auffrichtig ausgefertiget von M. Georg Ehrenfried Behrnauer, Gymn. Rect. Budissin, 1722; und

Nachricht von der gegenwärtigen Verfassung des Gymnasiums zu Bauzen im Osterprogramm d. J. 1796 vom Rector L. F. G. E. Gedike.

Zu besonderem Danke fühle ich mich meinen verehrten Collegen, dem Rector Prof. Palm und dem Conrector Prof. Jähne für die vielfache Unterstützung verpflichtet. die sie mir gewährt haben. Der erstere hat meine Arbeit nicht nur durch Mittheilung alles dessen, was das Gymnasialarchiv enthält, sondern auch durch mannigfache Belehrung aus dem reichen Schatze seiner Kenntnis des sächsischen Gymnasialwesens gefördert; und der zweite, welcher mehr als jeder andere berufen und geschickt sein würde, die Geschichte des Budissiner Gymnasiums zu schreiben, dem er von 1820—1825 als Schüler angehört hat und an dem er seit 1831 als Lehrer wirkt, hat mir seine langjährige Erfahrung und die Resultate seiner Quellenstudien zu gute kommen lassen und mir über viele Punkte Aufschluss gegeben.

Ich schliesse dieses Vorwort mit dem Bekenntnis, dass ich von vornherein auf den Ruhm verzichte, für den Kundigen etwas wesentlich Neues gefunden und gesagt zu haben; doch wird hoffentlich der folgende Ueberblick für alle die, welche an dem Gedeihen des altehrwürdigen Gymnasiums dieser Stadt aus irgend welchem Grunde Antheil nehmen, nicht ganz ohne Interesse sein; mich selbst hat für die Mühe meiner Arbeit hinlänglich die Belehrung entschädigt, welche ich aus derselben geschöpft habe.

Budissin. im Februar 1863.

Dr. Schubart.

Die Eintheilung des Schülercōtus in Classes und Ordines.

Die Eintheilung des Schülercōtus hat seit dem Bestehen der neuen Schule [1] mannigfache Veränderungen erfahren, welche zum Theil durch die baulichen Verhältnisse der zur Schule eingerichteten Bastei bedingt gewesen sein müssen. Dieselben lassen sich, wenn wir auch über ihre Zeit nicht immer bestimmte Angaben haben, doch in ihren Hauptzügen noch mit Sicherheit nachweisen, so spärlich auch unsere Quellen sind. In der Schulordnung von 1557 werden nur vier classes erwähnt; zu Thomas Fabers Zeit waren es nach Zeiske im Programm von 1746 fünf, und es ist wohl möglich, dass die steigende Frequenz der neuen Schule eine Vermehrung der Classen nöthig machte. Unter Nehrkorn aber waren nach dem im Vorwort erwähnten Programm die Schüler (discipuli, discentes, scholastici, in den obern Classen auch auditores genannt) in sechs classes, Prima -- Sexta getheilt, so dass wir, freilich nur dem Namen nach, wie sich später ergeben wird, in jener Zeit dieselbe Eintheilung finden, welche zum Schluss wieder erscheint. Jede dieser Classen zerfiel wieder in Decaden, denen Decurionen vorstanden. Da diese sechs Classen zu gleicher Zeit von verschiedenen Lehrern unterrichtet wurden, wie sich aus dem Stundenplane Beil. 2 ergiebt, so müssen auch sechs besondere Lehrzimmer vorhanden gewesen sein. Eine Aenderung hierin muss zur Zeit des dreissigjährigen Krieges eingetreten sein, wo die Schule nicht nur häufige Einquartierungen erhielt, sondern auch schliesslich von den Schweden unter Oberstleutnant Wanke vollständig zerstört wurde (vgl. Hessler, Stift. III S. 8 ff., Wilke, Chronik der Stadt Budissin, S. 390 ff.); denn aus den Aufzeichnungen des Rectors Theil geht unwiderleglich hervor, dass bis zum Jahre 1672 nur drei Auditorien vorhanden waren, welche den noch vorhandenen Räumlichkeiten im Thurme des alten Schulgebäudes entsprechen. Es sind dies das auditorium superius (die Oberstube) d. i. der jetzige Saal [2], das auditorium medium (die andere oder Mittelstube) d. i. die jetzige Prima und das auditorium infimum (die Unterstube) d. i. die jetzige Quinta. Von den früheren sechs Classen waren nun je zwei zu einem ordo vereinigt, so dass der ganze Cōtus in drei ordines zerfiel und wir die vom Praeceptor Germaniae in seinem Visitationsbüchlein empfohlene Eintheilung der

[1] Der Name Gymnasium scheint erst im 18. Jahrhunderte der allein übliche geworden zu sein, wenn er sich auch schon 1592 findet; der erste war nova schola oder schola evangelica mit und ohne den Zusatz latina, im Gegensatz zu der alten oder katholischen Schule im Franziscanerkloster, von welcher sie sich absonderte, nachdem die Stadt zum Protestantismus übergetreten war. Hier und da erscheinen auch die Bezeichnungen Ludus litterarius, Paedagogium oder Lyceum Budissinense.

[2] Die Einweihung desselben erfolgte in dem Mättigschen Gedächtnisactus Ostern 1839. Dabei hielt Stadtrath Klien als Vorstand der Gymnasialcommission die nachher durch den Druck veröffentlichte Rede „über den Zustand des budissiner Gymnasiums zu Anfang dieses Jahrhunderts und den Standpunkt, auf welchem sich dasselbe gegenwärtig erhoben." Veranlasst war die Umwandlung wohl hauptsächlich durch die Anregung des Cultusministers Müller, der bei seinem Besuche des Gymnasiums 1835 wiederholt den Wunsch ausgesprochen hatte, dass „ein gemeinsamer Betsaal für die sämmtlichen Schüler zu den Gymnasialgebäuden hinzukommen möchte." Vgl. Siebelis im Progr. v. 1836. Jahresbericht S. 2.

2 *

Schüler in drei Haufen (vgl. Raumer, Geschichte der Pädagogik I, S. 192 ff. der 3. Aufl.) hier wiederfinden. Es sind dies der ordo primus, supremus oder superior in der Oberstube, der ordo medius in der Mittelstube, und der ordo inferior, infimus oder ultimus in der Unterstube. Dem entsprechend zerfallen die Schüler in superiores (maiores), medii (medioxumi) und infimi. Die frühere Eintheilung in classes wurde in sofern noch beibehalten, als jeder ordo in superiores und inferiores zerfiel, ja es erscheint sogar bisweilen noch im Anklang an die frühere Ordnung die Bezeichnung classes superiores für den ordo superior oder die Oberstube, wie man die Classe von ihrem Auditorium nannte, classes mediae für den ordo medius oder die Mittelstube und classes infimae für den ordo inferior oder die Unterstube. Von diesen drei ordines oder Stuben haben sich der erste und letzte äusserlich wenigstens unberührt erhalten bis zum Jahre 1835, mit dem ordo medius dagegen gieng noch unter Theils Rectorat, nachdem im Jahre 1672 wieder ein sechster Lehrer angestellt war, eine Veränderung vor. Es wurden nemlich am 5 December d. J. die beiden classes mediae, die Tertia und Quarta, welche denselben gebildet hatten, wieder getrennt, so dass jene in der alten Mittelstube blieb, diese aber in ein neues Auditorium verlegt wurde, welches sich zur rechten Seite des Eingangs des Gymnasiums befand. Es ist dies das jetzige Auditorium der Quarta. So kann denn der Rector Theil in den darauf folgenden Jahren von vier Ordines reden, dem superior, secundus, tertius und quartus oder infimus; und auch später erscheint wiederholt diese Bezeichnung. In den legibus scholasticis von 1700 endlich erhält die dritte Stube (Quarta) einen neuen Namen „classis nova" (Neuclasse), so dass das auditorium superius s. classis prima, die classis media, nova und ultima unterschieden werden. Dieser Name „Neuclasse" blieb, wie es scheint, im Gebrauche bis zum Jahre 1790, wo er neben den Bezeichnungen Ober-, Mittel- und Unterstube zum letzten Male in dem Verzeichnis der Aufgenommenen vorkommt. Von Böttigers Rectorat an scheint die Bezeichnung classes, welche schon früher neben der durch ordines in Gebrauch war, so dass man classis superior für die Oberstube, Tertia und Quarta für die andere und die dritte Stube (den alten ordo medius) und Quinta oder Infima für die Unterstube sagte, die allein übliche geworden zu sein, doch wurde das auditorium superius nicht mehr, wie bisher, für zwei Classen gerechnet, sondern nur als eine betrachtet, so dass das Gymnasium vier Classen hatte und eine Prima, Secunda, Tertia und Quarta unterschieden werden. Wenn ich sage, das Gymnasium habe vier Classen gehabt, so meine ich dies im modernen Sinne, denn die alten Budissiner Rectoren haben offenbar nur das auditorium superius als das Gymnasium betrachtet, nur die Translocation der auditores superioris auditorii haben sie nach den halbjährlichen Examinibus in das Album eingetragen, so lange sie überhaupt dieselbe angemerkt haben. Zum letzten Male hat dies der Rector Behrnauer nach dem Herbstexamen 1722 gethan. Und nur einmal hat Rosenberg nach dem Herbstexamen 1709, dem letzten, welches er hielt, denn er zog sich bald nachher in den Ruhestand zurück, die mittlere Stube und Neuclasse mit eingetragen; und noch der Rector Gedike hat über das Verzeichnis der von ihm recipirten Schüler geschrieben: Verzeichnis der von mir recipirten Gymnasiasten und Schüler. Daher kommt es denn auch, dass wir über die innere Eintheilung des auditorium superius häufige, über die der andern ordines bis zum Jahre 1759 nur spärliche Angaben finden; denn von diesem Jahre an haben wir dann die vollständigen Translocationsverzeichnisse aller Classen bis zur Herbsttranslocation 1792. Das auditorium superius also zerfiel, wie oben schon bemerkt wurde, in zwei classes, deren jede zwei tabulae zählte, so dass also die alte Eintheilung in Decaden aufgegeben war; dazu kommen aber auch noch die scamna oder das scamnuum, auf denen oder auf dem nebst denen, welche sitzen geblieben waren, die novitii ex tertia classe sassen. Gewöhnlich sind bloss die vier tabulae angegeben ohne Bezeichnung der classes und das scamnum. Und diese Eintheilung findet sich noch bis 1793. Seitdem aber bloss vier Classen gezählt wurden, erscheint eine neue Bezeichnung. Die Prima zerfällt in drei Abtheilungen, welche entweder die oberste, mittlere und unterste oder erste, zweite und dritte Abtheilung oder endlich Ober-, Mittel- und Unterprima heissen (vgl. Gedike im Progr. v. 1796 S. 11. 41 ff.) und nur in den öffentlichen Lehrstunden gemeinsam unterrichtet wurden. Es sind dies meines Erachtens nur andere Namen für die alte Ordnung; die tabulae I und II wurden zur Ober-, III und IV zur Mittel- und das scamnum zur Unterprima, nur dass seit Gedike damit auch eine wissenschaftliche Abstufung bezeichnet wurde und ein Schüler alle drei Abtheilungen der Prima durchgemacht haben musste, ehe er zur Universität abgehen konnte, was früher nicht der Fall gewesen war.

Die andern classes waren wohl auch in tabulae getheilt; die mittlere Stube hatte deren in der Herbsttranslocation des Jahres 1709 zwei, später von 1759—1792 gewöhnlich drei; selten werden deren 4 erwähnt. Damit stimmt die Angabe meines verehrten Collegen Jähne, dass noch im Jahre 1821 vier tabulae in dieser Classe gewesen, deren vierte jedoch nur bei der Combination der Classe mit Tertia benutzt worden sei. Die classis nova hat unter Rost gewöhnlich zwei, die letzte Classe drei (selten zwei). Später kommt die Bezeichnung durch tabulae in dem Album nicht mehr vor, sondern Siebelis gebraucht dafür die Ausdrücke: obere, mittlere und untere Abtheilungen, denen, wie früher, Decurionen vorstanden.

Eine gänzliche Umwandlung endlich erfuhr die Classeneintheilung den 1. Mai 1835, wo die bisherige Prima mit ihren drei Abtheilungen in drei gesonderte Classen, die Prima, Secunda und Tertia getheilt, die zweite Classe zur Quarta, die dritte zur Quinta und die vierte zur Sexta gemacht wurde. Die ersten vier Classen der neuen Ordnung bildeten von da an das eigentliche Gymnasium, die Quinta und Sexta das Progymnasium, das sonach keineswegs damals erst neu begründet wurde, sondern schon von allem Anfang an, wenn auch unter anderem Namen vorhanden war (vgl. über diese Umgestaltung den Jahresbericht von Siebelis im Osterprogramm 1836).

Das Lehrercollegium.

Ueber die Zahl der Lehrer, welche die sechs classes oder drei ordines unterrichteten, giebt zuerst das erwähnte Programm von Nehrkorn sichere Auskunft. Denn in der Schulordnung von 1557 [3]) ist nur bestimmt, dass „neben dem Herren Schullmeister (d. i. dem Rector) zwene oder drey gehülffen oder Baccalaurei nach gelegenheitt und

[3]) Die Schule hatte den 2. October 1556 ihre urkundliche Bestätigung durch eine kaiserliche Commission erhalten (vgl. Klien, kurze Nachricht u. s. w. S. 9 und Hessler u. a. O.). Wenn man also einen bestimmten Zeitpunkt für die Gründung der Schule mit legaler Sicherheit festsetzen will, so kann es nur der angegebene sein.

erforderung der notturffe gehalten werden" sollen, „und damit", heisst es weiter unten, die a. b. c. darii und legenten nicht verseumet, Sondern mit bessern vleiss verhort und underrichtet werden, so seint hierzu neben den Baccalaureis noch 3 Auditores verordnett." In wie weit diesen Bestimmungen nachgegangen wurde, wissen wir nicht; doch muss die Zahl der Praeceptores oder Collegen sich bald vermehrt haben, denn 1592 erscheinen deren ausser dem Rector sechs, so dass also je einer eine Classe unterrichtete und der siebente zur Aushülfe da war. Dieselbe Zahl findet sich auch anfangs noch in den Verzeichnissen der Lehrer von 1592—1624, welche sich in den hiesigen Rathsacten befinden, und ist oft noch durch einen Auditor oder Locatus vermehrt. Die Schrecken des dreissigjährigen Krieges aber, welche im Herbst 1620 über Bautzen hereinbrachen (vgl. Hessler a. a. O. S. 8) und der Fortgang des tüchtigen Rectors Gensel im April 1621 störten auch die gedeihliche Fortentwickelung des Gymnasiums; es verminderte sich nicht nur die Zahl der Schüler, sondern auch die der Lehrer. Im Jahre 1624 waren es nur noch fünf (mit Einschluss des Rectors) und ein Auditor und im Jahr 1642, wo Theils Nachrichten anheben, ausser dem Rector nur noch drei. Als aber der Friede 1648 zurückgekehrt war und in der Schule die Zahl der Lernenden sich wieder mehrte, wurde 1657 wieder ein fünfter College angestellt, und 1672, wie schon erwähnt, ein sechster, und zwar als Conrector. Somach bestand das Lehrercollegium aus dem Rector, Conrector, Collega III, Cantor, Collega V und VI. Zur Aushülfe wurde, nach wie vor, der Auditor verwendet, dem noch in den leges schol. von 1700 ein Capitel gewidmet ist. Daraus geht hervor, dass es einer der oberen Schüler war, welcher dem Chor angehörte. In dieses aber konnte damals, um dies beiläufig zu bemerken, jeder eintreten, der die nöthige Stimme hatte, vorausgesetzt dass er in die dritte Classe d. i. die jetzige Quarta aufgerückt war; und das Chor und der Mättigsche Freitisch waren zwei ganz verschiedene Dinge. Der Auditor nun führte die Aufsicht über die Currendaner [4]), qui eum in templo adiuvabant canendo, und gab ihnen auch eine Singestunde; dafür bezog er ausser seinem Antheil

---

[4]) Ueber die Currende- oder Currendanerschule habe ich im Album des Gymnasiums folgende Notiz gefunden, die ich so weit als nöthig, wörtlich mittheile: „Da sich in Budissin viel arme Leute gefunden, die ihre Kinder den ganzen Tag vor die Thüren betteln geschickt, wodurch die Bürgerschaft sehr beschwert worden, so hat Ein Hochedl. und Hochw. Magistrat solches gänzlich verboten, und eine gewisse Anzahl armer Kinder (nach den leg. schol. von 1700 durften ihrer nicht mehr als 26 sein) angenommen, dass sie in die Schule gehen, in der Kirche bei dem Wochengottesdienste und bei den Leichen singen und mit Abwechselung auf den Gassen täglich mit einander Almosen mit einem Gesange sammeln sollten, und was sie an Gelde bekämen, dass es ihnen ordentlich ausgetheilet würde." Das Institut wurde 1582 gegründet und ging im Kriege 1758 ein. Sie gingen täglich mit Ausnahme des Sonnabends, in duas partes divisi, also in 2 Parten, von Haus zu Haus singen und an den Jahrmärkten gingen sie Montags Nachmittag von einer Bude zur andern und sammelten Almosen. Auch hatten sie die Verpflichtung, unter Aufsicht des Famulus communis mit der Calefactrix die Auditorien auszukehren. „Sie wurden erstlich vom Coll. VI täglich eine Stunde informirt, später wurden sie in der untersten Classe in den ordinären Schulstunden mit unterrichtet" (eo Collegis inferioribus laborandum est, ut Germanice legere, scribere et fundamenta arithmetica discant. Leg. schol) „waren aber den Anfängern in der Lateinischen zur grossen Hinderniss und Schaden, und endlich gar zur Abnahme der untersten Classen, weil viele sich schämten, in derselben Gesellschaft (die leg. schol. nennen sie rudem turbam) informirt zu werden. Der Auditor musste sie wöchentlich Sonnabends im Singen unterrichten. Fand der Herr Cantor, dass einer eine gute Stimme hatte, so nahm er denselben mit in das grosse Chor. Es leben", so schliesst der Bericht, „noch viele Bürger und Männer, auch Leute auf dem Lande, welche dieser Schule viel Gutes zu danken haben." Die Stelle der Currendaner bei den Begräbnissen nahmen später die Waisenhausknaben ein.

am Chorgeld noch ein salarium a nobilissimo senatu datum. Ausserdem hatte er den Cantor zu vertreten, wenn dieser verhindert war, dem Gottesdienste beizuwohnen, war aber auch gehalten, „inferiores collegas in schola, si forte propter iustas et necessarias causas lectionibus publicis vacare nequirent, prompte fideliterque sublevare eorumque vices subire." Diese letztere Verpflichtung gieng aber später auf den Waisen-Informator über. Nachdem nemlich im Jahre 1699 hauptsächlich durch die Bemühungen des Conrectors Grunewald das hiesige Waisenhaus erbaut worden war (vgl. Hessler Stift. III S. 151 ff.), wurde der erste Lehrer desselben, der sogenannte Waisen-Informator allmählich zur Aushülfe in den untern Classen des Gymnasiums verwendet und führte darum den Titel: Collega gymnasii adiunctus. Diese Function erlosch aber nach Hessler ebend-S. 188 mit Johann Petrich (1788—1813), und der Unterricht am Gymnasium lag somit allein den sechs Lehrern ob. Dass aber diese geringe Anzahl mancherlei Uebelstände im Unterricht nach sich zog und nach sich ziehen musste und das Bedürfnis nach einer Vermehrung der Lehrkräfte vorhanden war, geht aus der Freude hervor, mit welcher der Rector Siebelis im Osterprogramm v. 1827 die Anstellung eines eignen Adjuncten begrüsst, die er eben so wie die Berufung des noch jetzt thätigen Zeichenlehrers geradezu eine wesentliche Verbesserung nennt. Diese Stelle blieb bestehen bis zum Jahre 1835, wo der bisherige Inhaber derselben Collega VII wurde. Zugleich wurde ein achter Lehrer für die Mathematik und Naturwissenschaften angestellt. Und als nach dem Regulativ für die Gelehrtenschulen vom Jahre 1847 die mathematischen Unterrichtsstunden vermehrt werden mussten, wurde noch die Anstellung eines neunten Collegen für die Naturwissenschaften nöthig.

Zum Schluss dieser gedrängten Uebersicht scheint es mir passend, ein Verzeichnis der sämmtlichen Rectoren folgen zu lassen, da das von Hessler gegebene vollständige Lehrerverzeichnis wohl nicht allen Lesern dieser Blätter zur Hand sein dürfte. Zuvor aber ist noch einiges über den Titel des zweiten und dritten Collegen zu sagen. Was den ersteren anlangt, so giebt das Richtige schon der Rector Rost, der überhaupt ein gründlicher Kenner der Budissiner Schulgeschichte war, im Programm von 1772 unter dem Titel: Saecularem memoriam rei nostrae conrectorum celebrat etc. M. Chr. Hier, Rostius, indem er nachweist, dass der Titel „Conrector" für den zweiten Collegen, der früher schon dann und wann erscheint z. B. 1592 und sonst, dagegen von Theil bis 1672 nicht gebraucht wird, von diesem Jahre an seit Rosenbergs Eintritt officiell und stehend geworden sei. Noch später erhielt der dritte College, welcher in den Acten des Rathsarchivs zu Aufang des 17. Jahrhunderts bisweilen Subconrector genannt wird, den Titel „Subrector", welchen er bis 1861 geführt hat; wann dies aber geschehen, habe ich nicht sicher ermitteln können. Es findet sich zwar die Angabe, dass Andr. Christiani, der vor Rosenbergs Berufung zum Conrectorat Coll. II war, zuerst Subrector genannt worden sei, um ihn für die Zurücksetzung, welche den alten Mann sehr schmerzte, zu entschädigen; aber noch 1700 unterzeichnet sich der dritte Lehrer Coll. III und Jer. Calmann, der 1718 die dritte Lehrerstelle erhielt, wurde nach Rost's Angabe, der seine Vocation gelesen hatte, als collega oder praeceptor III sine subrectoris mentione berufen. Dagegen gebrauchte diesen Titel von eben demselben der Syndicus Steudner in der Rede, welche er bei der Einführung des M. Hetschold 1737 hielt, wie das auf der Rathsbibliothek befindliche Original derselben zeigt. Möglich also, dass von dieser Zeit an das Prädicat „Subrector" stehend wurde.

Rectoren des Gymnasiums:

Jacob Lossius 1527 (?) — 1534.

M. Joachim Hosemann (Knemiander) 1534 — 1536.

Johannes Dachius 1536 — 1538.

Nicolaus Specht (Picus) 1538 — 1542.

M. Balthasar Cademann 1542 — 1562. [5])

M. Johannes Critander (Kretzschmar) 1562 — 1569.

M. Simon Steinius 1569 — 1574.

Thomas Faber 1574 — 1590.

M. Andreas Nehrkorn 1590 — 16 Sept. 1592.

M. Melchior Gerlach 1592 — 19 Apr. 1602.

M. Zacharias Biccius 24 Juni 1602 — 1615.

M. Abraham Schadaeus 20 Juni 1615 — 1617.

M. Leonhardus Genselius 1617 — 1621.

M. Martinus Henrici 13 März 1621 — 1630.

M. Johannes Hartmannus 1630 — 25 Mai 1632.[6])

M. Johannes Vechner 26 März 1638 — 1641.

M. Johannes Theil 1641 — 16 Aug. 1679.

M. Johannes Rosenberg 24 Dec. 1679 — 24 Oct. 1709.

M. Johann Schulze 1709 — 15 Febr. 1711.

M. Daniel Bartsch 1711 — 1717.

M. Georg Ehrenfried Behrnauer 21 Jan. 1718 — 17 Dec. 1739.

M. Johann Gottfried Zeiske 1740 — 27 Aug. 1756.

M. Christoph Jeremias Rost 3 Juli 1759 — 13 Jan. 1790.

M. Carl August Böttiger 1790 — 1791.

Ludwig Friedrich Gottlob Ernst Gedike 1 Oct. 1791 — 13 Aug. 1803.

M. Karl Gottfried Siebelis 30 Jan. 1804 — 6 Apr. 1841.

Prof. M. Friedrich Wilhelm Hoffmann 13 Mai 1841 — 30 Sept. 1861.

Schulgesetze und Lehrverfassung.

I. Die Schulgesetze.

Schulgesetze sind abgesehen von den im Jahre 1860 veröffentlichten, welche nicht in den Kreis meiner Betrachtung gehören, seit dem Bestehen des Gymnasiums dreimal godruckt worden: zuerst [7]) 1592 unter dem Rector Nehrkorn, dann 1596 unter Melch. Gerlach und endlich 1604 unter Rosenberg. Von diesen Gesetzen, welche natürlich alle in lateinischer Sprache abgefasst sind, kündigen sich die letzten selbst als eine Ueberarbeitung der Gerlachschen an, „quibus iniuria temporum, atque imprimis ferale illud incendium,

---

[5]) Nach anderen Nachrichten, denen Zeiske im Progr. v. 1746 folgte, kehrte Knemiander von Lauban 1543 nach Budissin zurück und verwaltete das Rectorat bis 1557; ihm folgte bis 1562 Cademann. Vergl. auch Klien, kurze Nachricht etc., S. 8.

[6]) Von 1632 bis 1638 verwaltete der Conrector Schaller interimistisch das Rectorat.

[7]) Zeiske im Programm v. 1746 und nach ihm Klien, kurze Nachricht etc. S. 9 erzählen, dass die ersten Gesetze von Knemiander entworfen worden seien; doch ist nicht ausgemacht, ob dieselben gedruckt wurden. Erhalten hat sich von ihnen, meines Wissens, nichts.

quod in annum 1634 incidit, supremum fere attulit diem"; denn, sagt Rosenberg in der Einleitung, „Senatus leges antiquas, sed ad praesens tempus statumque conformatas Scholae reddere et publicae luci committere voluit"; und ausserdem zeigt dies auch eine Vergleichung beider Gesetze. Denn die von 1700 sind zwar um mehrere Capitel vermehrt (de lectionibus privatis; de collegiis; de choro musico; de Maettigianis beneficiariis; de Auditore; de Currendariis): im übrigen aber stimmen sie bis auf mehrere redactionelle Abweichungen und kleinere Zusätze mit denen von 1596 überein. Diese hinwiederum, welche ich jedoch nur aus einer Abschrift im achten Bande der Platzischen Chronik kenne, sind denen von 1592 vollständig gleich, nur dass die drei ersten Gesetze der leges speciales durch eine Vermehrung der custodes disciplinae eine Erweiterung erfahren haben, worüber nachher noch mehr zu sagen sein wird, und an die letzte Stelle gesetzt sind. Auch die Belohnungen und Strafen sind etwas ausführlicher als 1592 bestimmt. Und so sind denn bis auf die neuste Zeit eigentlich die Gesetze des Mannes für das Gymnasium massgebend gewesen, welchen der Rath 1592 auf Grund eines Gutachtens der theologischen Facultät zu Frankfurt a. d. O. seines Amtes entsetzte, weil er „das Gift des Cryptocalvinismus verbreitet hatte."

Die Nehrkornschen Gesetze nun zerfallen in leges generales und speciales. Von den leges generales handelt l. prima in zwei Capiteln de officiis praeceptorum; secunda de recipiendis in scholasticum agmen pueris; tertia de officiis ac moribus in schola; quarta de moribus in templo; quinta de officiis ac moribus domi forisque. Die letzten drei, welche ungefähr diejenigen Bestimmungen enthalten, die heut zu Tage eine Stelle 'in den Schulgesetzen zu finden pflegen, jedoch nicht nach Senecas Vorschrift über die Abfassung von Gesetzen beurtheilt sein wollen, habe ich in der ersten Beilage sammt dem Schluss abdrucken lassen. Aus dem zweiten Gesetz, welches über die Aufnahme die noch heute giltigen Vorschriften enthält, hebe ich das Gelöbnis *), welches die Aufgenommenen, grandiores praesertim natu, zu leisten hatten, als besonders charakteristisch hervor, in den Gesetzen von 1700 ist davon nur Punkt 2 und 4 geblieben.

Der zweite Theil, die leges speciales enthaltend, zerfällt wieder in sechs leges, die um so interessanter für uns sind, als sie uns einen Blick in die innere Einrichtung der Schule in der damaligen Zeit thun lassen.

Die drei ersten leges handeln von den Pflichten der die Aufsicht führenden Schüler und zwar I. de officiis praefecti; II. de officiis decurionum; III. de corycaeis. Die Präfecten, deren es mehrere gegeben haben muss, da das Amt wöchentlich wechselte, hatten früh vor dem Gebet und eben so Mittags 12 Uhr, ehe die Stunden

---

*) Examinati fidem dent ac stipulata manu, loco iuramenti, promittunt

1) Se nobiscum idem genus doctrinae expressam in monumentis Propheticis et Apostolicis, et repetitum in tribus symbolis, Apostolico, Niceno et Athanasiano, ne postea in confessione Augustana eiusque Apologia amplexuros

2) Se gratos fore erga inclytum senatum huius civitatis ac eius universos, nec detrimentum illis unquam allaturos, seu mediate seu immediate.

3) Se obedientiam et reverentiam, cum erga praeceptores, tum leges subscriptas ubique declaraturos.

4) Se non odiose oblocuturos sententiae Rectoris, et reliquorum Collegarum in diiudicatione controversiarum et poenarum constitutione.

5) Se in discendo et vivendo bonorum discipulorum facturos munus atque officium, donec iudicio praeceptorum idonei orneantur, qui vel alio mittantur, vel certis functionibus praeficiantur.

2

begannen, das Schülerverzeichnis (catalogus) vorzulesen und die fehlenden oder zu spät kommenden anzumerken und anzuzeigen. Die Decurionen, deren Zahl sich nach den Decurien in der Classe richtete, führten mit dem Präfecten die Aufsicht in der Classe und Kirche, nahmen die Scripta ein und unterstützten nöthigenfalls den Lehrer bei dem Ueberhören. Die Corycaei endlich waren eine Art geheimer Polizei in den vier obern Classen. „qui cuiusque pueri studia, mores, gestus, sermonem denique omnem ubique accurate observabant et absentes a ludo ac templo, si forte negligebant officium suum, aut connivebant praefecti decurionesque, consignatos, diebus solis Rectori ad manus scorsim exhibebant (oder clam ad Rectorem deferebant, wie es in den Gesetzen von 1596 heisst).

Für diese drei die Aufsicht führenden Schülerbehörden erscheint in den Gerlachschen Gesetzen ein vollständig ausgebildeter Beamtenstand aus der Mitte des Schülercötus, welcher lebhaft an Trotzendorfs Einrichtungen in Goldberg erinnert. Es werden nemlich als custodes disciplinae erwähnt: Praefecti in singulis classibus; Decuriones; Catalogophori; Quaestores; Ephori duorum chororum musicorum; Ephori sacri; Ephori platearum vel distinctarum urbis partium; Signiferi; Praefectus inquilinorum; Corycaei.

Von diesen hatten die Praefecti, welche ihr Amt wochenweise verwalteten, die Aufsicht zu führen „in classe ipsis commendata" und darüber zu wachen, dass die Decurionen, Signiferi, Catalogophori und Quästoren ihre Schuldigkeit thaten, die Säumigen aber den Lehrern anzuzeigen.

Die Decurionen führen, wie früher, die Aufsicht über ihre Decurien; neu ist nur die Bestimmung: „attendant, ut Ephemerides (eine Art Diarium, in welches die Sentenzen, Phrasen, Definitionen u. s. w. gleich in der Stunde eingetragen wurden) diligenter continuentur."

Die Catalogophori bewahren das Schülerverzeichnis auf und lesen es vor Beginn der Lectionen vor, wie früher der Präfect.

Die Quaestores vermittelten den Verkehr der Lehrer mit den Eltern und Wirthen (heri) der Schüler und hatten über das Fehlen und den häuslichen Gehorsam eines Schülers Erkundigungen einzuziehen; denn es wird ihnen zur Pflicht gemacht: „sint veraces in adferendo responso."

Die Ephori duorum chororum (1700 Praefecti genannt) führten die Aufsicht über die Aufführung der Gesänge, die Einsammlung des Geldes und die richtige Vertheilung desselben.

Die Ephori sacri beaufsichtigten ihre Mitschüler in der Kirche.

Die ausgedehntesten Befugnisse hatten die Ephori platearum vel distinctarum urbis partium; denn ihr Beaufsichtigungsrecht erstreckte sich auf das Leben und Betragen der Schüler im Hause und auf der Strasse, auf ihr ganzes Thun und Reden.

Die Signiferi hatten die signa linguae (s. Beil. 1, lex III. ⁸) und morum zu vertheilen und dem, bei welchem das Zeichen übernachtete, ein Strafpensum zu geben.

Der Praefectus inquilinorum (auch oeconomus scholasticus genannt) inspicierte die Inquilinen in und ausser ihrer Wohnung.

Die Corycaei haben ihr früheres Amt behalten.

Ausserdem wird noch ein iudicium scholasticum erwähnt, das ex mandato Rectoris von dem Praeco feierlich berufen und unter dem Vorsitze eines Praetors abgehalten wurde, welcher „legum transgressiones, sententia sua cum senatoribus collata, vindicandas observantia debita Rectori commendabat."

Eine ähnliche Einrichtung hatte bekanntlich auch Trotzendorf durch Ernennung eines Schülersenats getroffen (vgl. Raumer, Gesch. d. Päd. I, S. 216); nur sass der berühmte Goldberger Rector selbst als dictator perpetuus mit zu Gericht, wodurch das Gefährliche eines solchen Instituts paralysiert wurde.

Wie lange dieser zahlreiche Schülerbeamtenstand sich gehalten, habe ich nicht ermitteln können; in den Gesetzen von 1700 findet sich keine Spur mehr davon. Als aufsichtführende Organe aus dem Schülercötus werden da nur die Chorpräfecten, der Präfect der Inquiliner, der Auditor und der Famulus erwähnt, welcher letztere für die Instandhaltung der Auditorien zu sorgen hatte. Bezeichnend ist auch, dass Gerlach in den Gesetzen, welche er 1602 für die Zittauer Schule entwarf*), nichts von den hier getroffenen Einrichtungen beibehalten hat, als den Schülersenat, dessen Verhandlungen praeside Rectore ein Prätor leitete.

Hieran reiht sich wohl am besten die Aufführung der in den Gesetzen bestimmten Strafen und Belohnungen.

In denen von 1592 werden Memorierpensa und körperliche Züchtigung wiederholt erwähnt; die Widerspenstigen werden zum Schluss (s. Beil. 1, am Ende) mit Carcer und Dimission bedroht.

In den Gerlachschen Gesetzen werden als poenae communiores aufgeführt:

1) Negligentiorum ad loca inferiora deturbatio (deren allzuhäufige Anwendung gewiss gerechte Bedenken hat und die deshalb heut zu Tage mit Recht unter die schwereren Strafen gerechnet wird);

2) Puerilis petulantia ferulis corrigetur;

3) Signum germanicae linguae et incivilitatis memoriae exercitiis compensabitur;

4) Carceris dura ratio;

5) Relegationis extrema poena.

Aehnlich setzen die leges scholasticae von 1700 folgende Stufenfolge fest: Admonitio, verbera (in den untern Classen mit Ruthen, in Prima mit dem Stock), cárcer, exclusio; und Gedike (Progr. v. 1796 S. 60, 61) erwähnt als zu seiner Zeit gebräuchlich: Verweise (privatim, vor der Classe, vor der Conferenz), Degradation (sogar in eine niedere Classe), Zurückbleiben in der Schule (mit und ohne Carene), Carcerarrest, und stille und öffentliche Entfernung. Die körperliche Züchtigung ist auf die niedern Classen beschränkt; auch war jede derselben noch ausserdem mit einer schwarzangestrichenen Schandbank versehen.

Als Belohnungen für fromme, gehorsame und fleissige Schüler werden in den Gesetzen von 1596 und 1700 bezeichnet: ein höherer Platz in der Classe, Verleihung von Bücherprämien und Tuchstipendien, und ehrenvolle Zeugnisse.

Ich kehre nach dieser Abschweifung zu Nehrkorns legibus specialibus zurück.

*) Sie führen den Titel: Τὰ Παρωστρωτικά. Praeparatoria doctrinae et disciplinae scholasticae de schola in urbe regia Zittavia, divino adnuente numine, amplissimi senatus subsidio restauranda, autore M. Melch. Gerlachio, eiusdem scholae Rectore designato. Budissinae, typis Nicolai Zipseri. 1608. und befinden sich in der Zittauer Gymnasialbibliothek. Durch Zusendung derselben hat mich Herr Director Prof. Kämmel zu lebhaftem Danke verpflichtet.

Die lex quarta (bei Gerlach prima) handelt de officio paedagogorum. Die Pädagogen waren obere Schüler, welche von wohlhabenden Familien der Stadt Logis und Kost erhielten und dafür die Söhne des Hauses zu beaufsichtigen hatten. Es wird ihnen zur Pflicht gemacht, die ihrer Sorge anvertrauten Knaben früh zu wecken, anzukleiden, beten zu lassen, sie in die Schule und aus der Schule nach Haus zu begleiten und hier nach einem bestimmten Plane zu unterrichten. Dabei sollen sie sich bestreben, ihren Pflegebefohlenen durch sittlichen Wandel und wissenschaftliches Streben ein gutes Beispiel zu geben, und die schuldige Dankbarkeit nicht aus den Augen setzen. Ohne Erlaubnis des Rectors durften sie ihre Stellung nicht aufgeben. Dieses Institut, welches auch in Zittau bestand (vgl. die Anm. 9) erwähnten Gesetze S. 72) wird noch unter Behrnauer erwähnt, wo sich die Pädagogen jeden Sonnabend Nachmittag 2—4 Uhr „mit ihren Untergebenen von einer Tafel nach der andern in dem obern Auditorium sistieren und von ihren Informationen dem Rector Rechenschaft geben" mussten.

Die quinta lex (bei Gerlach secunda) ist den peregrinis et pauperibus scholasticis in schola habitantibus gewidmet, welche mit einer treffenden Bezeichnung in den Acten auch Inquilini genannt werden; und mit diesem Namen, welchen Dr. Greg. Mättig in seinem Testamente häufig gebraucht, werden sie in den Gesetzen von 1700 bezeichnet, in denen das hierher gehörige Capitel die Ueberschrift führt: de inquilinis seu pauperibus scholasticis in schola habitantibus. Es heisst aber in dem fünften Gesetz also: „In suprema scholae contignatione pro peregrinis et pauperibus scholasticis cubicula exstructa et lectuli parati sunt (nach Zeiske im Programm v. 1747 war die Einrichtung im Jahre 1574 getroffen worden). Ideoque semper aliquot pueri, qui voce valent et canendi scientiam callent, a ludirectore recipiuntur, qui partim civium liberalitate, apud quos singulis diebus, die saturni excepto, prandere solent, partim ea pecunia, quam figurali musica per civitatem, in nuptiis et conviviis colligunt, se sustentant. Hi antequam recipiuntur, examinantur, et ab iis vitae aliis in locis peractae testimonia poscuntur. Ut autem eo modestiores cohabitent, sequentes [10]) leges quasi vivendi normam et regulam illis praescripsimus." Die Gesetze von 1700 fügen noch folgende Bestimmung hinzu: Numerus Inquilinorum sit 13 vel maxime

*) 1 Volumus se mandamus serio, ut omnes omnibus scholae generalibus legibus oboediant, ac iuxta eorum praescripta vitam, mores se studia sua informent atque instituant non turbas existent, alii alios non iniuriis afficiant, nec illatam ulciscantur ipsi.

2) Ut mane, antequam ingrediuntur Scholam, et vesperi ituri cubitum legant ordine caput ex bibliis, et preces adhibeant Conditor o rerum etc. Iam mea declino etc.

3) Ut semper et ubique latino sermone utantur, tam in cubiculo quam in hypocausto.

4) Ut nemo sine Rectoris consensu et voluntate peregre abeat, ac prorsus foris non cubet, sed in tempore priusquam Schola claudatur, rursus adsit.

5) Ut neminem absque Rectoris pace atque permissu in Scholam inducant vel recipiant, compotationesve instituant.

6) Ne calceos, tibialia aut vestes alias in eo hypocausto, in quo per diem sunt, exuant aut relinquant sed in dormitorium secum ferant, strepituque et clamore ne excitent neve scurrilibus aut obscoenis verbis utantur et sedulo caveant, ne a candelis ardentibus periculum existat.

7) Quicunque ex his atque etiam ex paedagogiis liberorum civium hinc migraturus et in locum alium se recepturus est, ludirectori id significet, non clam aufugiat: pro institutione gratias agat, et testimonium peractae vitae petat, ni ad minimum per annum hanc scholam frequentarit.

Vor dieser letzten Bestimmung haben die Gerlachschen Gesetze noch folgende: In convictu civium debitam modestiam vel morum civilitatem et moderationem adhibeant ordine et vitae suae conditione dignam.

14 (die ursprüngliche Zahl) scheint 12 gewesen zu sein, wenigstens spricht der Conrector Schaller in einer Eingabe an den Rath v. J. 1637 von dem numerus duodenarius als dem gewöhnlichen), et ultra triennium hoc beneficio non fruantur, nisi eos prorogatione dignos Rector iudicaverit. Darnach kann aber das Institut der Inquiliner nicht wohl ein Zweifel sein. Es waren auswärtige, arme Schüler, welche in der Schule wohnten (die Schlafstätte befand sich im obersten Stockwerke des Thurmhauses, als Arbeitsstube wurde ein Auditorium, hypocaustum, 1700 die nova classis benutzt), bei den Bürgern Mittags Freitische (mensae ambulatoriae oder liberales) hatten und sich sonst von dem Gelde, welches sie sich durch Singen verdienten, unterhielten. Und zwar „hatten die Inquilini", wie es in der Bestallung des Rectors Vechner v. 5 Aug. 1638 heisst, „die Vorstädte zu bestellen, wie auch die hochzeiten, so ohne Brautmessen gehalten", während die Symphonisten „auf der gassen in der Stadt und auf den öffeglichen hochzeiten" sangen. Daraus, dass ihnen zur Pflicht gemacht war, lateinisch zu reden, folgt, dass sie den drei obern Classen (der jetzigen Prima bis Tertia) angehören mussten; und dass es gewöhnlich nur Primaner waren, geht nicht nur aus der dreijährigen Genusszeit des Beneficiums, sondern auch aus der anderweiten Bestimmung der Gesetze von 1700 hervor: Rectoris horas privatas frequentent. Der Rector aber durfte damals bloss den auditoribus superioris auditorii lectiones privatas ertheilen.

Für diese Inquiliner nun bestimmte der Dr. Gregorius Mättig in seinem unter d. 25 Jan. 1650 errichteten Testamente zum grössten Theil die Zinsen seines nicht unbedeutenden Vermögens; nur dass er insofern eine Abänderung traf, als er folgende Bestimmung hinzufügte: „Weil denn auch bei dieser verderbten Stadt viel arme Leute, so ihre Kinder vielleicht zum Studiren anhielten, aber aus Unvermögen solches nicht thun können, als sollen der halbe Theil von denen Exteris und das andere halbe Theil von denen Einwohner-Kindern und sonderlich aus meiner und der Rosenhaynschen Freundschaft, so dazu tüchtig und vorhanden, oder andere dürftige Bürgerskinder zu solchem Beneficio befördert werden." Eine bestimmte Zahl hat Mättig nicht angegeben, sondern nur festgesetzt, dass sich dieselbe nach der Höhe der Einkünfte von seinem Legate richten solle; und da die dazu bestimmten Capitalien und Zinsen nicht sofort vollständig eingiengen, so war die Zahl der Mättigschen Stipendiaten Jahre lang eine geringe und nicht alle Inquiliner konnten jener Wohlthat theilhaftig werden. Daher sind in den Gesetzen von 1700 für den Theil der Inquiliner, welche zugleich Mättigianer waren, besondere Bestimmungen getroffen, woraus man irrthümlich geschlossen hat, dass ausser den Inquilinern noch andere Schüler zu jener Zeit im Genuss des Mättigschen Freitisches standen

Die weitere Geschichte des Inquilinerinstituts gehört nicht hierher, und ich glaube um so eher davon absehen zu können, als dieselbe bereits von meinem Collegen Jähne in seiner Vita Gregorii Mättigii im Programm von 1860 gegeben worden ist; nur dürfte die dort S. 19 angegebene Jahreszahl 1596 in 1592 zu verwandeln sein.

Zu den Inquilinern gehörte auch der Famulus scholae (auch Famulus communis genannt) oder Calefactor, von dessen Obliegenheiten bei Nehrkorn die lex sexta, bei Gerlach tertia handelt. Des Calefactors wird schon in der Schulordnung von 1557 gedacht; doch waren es damals zwei, denn es heisst: „Zum fünfften sollen auch die vor-

steher zweue Calefactores, so den knaben in winters Zeit ihre Schulen oder stuben Ein-
heizeu, und kehren (?), verordnen. Dieselben sollen auch alzeit die lichter bei den vor-
stehern fordern, auffstecken uud wieder auffheben und die vorsteher sollen sie von den
geldern, so die knaben hierzu zu geben pflegen, besolden." Es scheint sonach, als wären
es anfangs nicht Schüler gewesen. Später aber war der Famulus, wie erwähnt, allemal
ein Inquiliner. Er hatte, so lange der Schulhof noch verschlossen war, die Schlüssel und
musste die Thüren früh öffnen und Abends schliessen. Ferner musste er die Auditorien
reinigen und rein erhalten, wobei ihm später die Currendaner und die Calefactrix halfen,
früh 6 und Mittags 12 Uhr das Zeichen mit der Glocke zum Anfang der Lectioneu geben
und die Aufsicht im Schulhofe führen. Endlich hatte er ganz allein das Einheizen zu
besorgen. Dieses letztere Geschäft hatte er 1700 nicht mehr; dafür findet sich die neue
Bestimmung: Ad mandata Rectoris expedienda semper praesto sit. Und dies ist ausser
dem Lauten heute noch sein alleiniges Amt. Insbesondere liegt es ihm ob, die Programme und die Einladungen auszutragen, das Mättigsche Gestiftsgeld allwöchentlich von
dem Curator der Stiftung abzuholen und dem Rector einzuhändigen, das Schülerverzeichnis zu Anfang jedes Halbjahres anzufertigen und drucken zu lassen und die Namen der
Schüler vor den Censurconferenzen in die Censurtabellen einzutragen. Für seine Bemühungen erhielt er ausser der freien Wohnung, welche er schon als Inquiliner hatte, 1638,
wie aus Vechners Bestallung hervorgeht, „quatemberlich von jeden Schul-Kuaben drey
Meisinsche Pfennige", bei deren Einforderung ihm der Rector behülflich sein sollte; später
1700 einen grössern Antheil am Chorgeld und auch aliquam mercedem in oratoriis acti-
bus. Ausserdem besuchte er die horae privatae gratis und wurde regelmässig bei der
jährlichen Vertheilung der Tuchstipendien berücksichtigt. Gegenwärtig hat er freie
Wohnung in der Schule nebst 5 Thaler für Heizung (er ist ausser dem Chorpräfecten
der einzige Schüler, welcher noch in der Schule selbst wohnt) und Schulgelderlass und
bekommt von jedem neuen Schüler, welchen er in seine Classe einweist, eine bestimmte
Summe (10 Ngr.). Ausserdem wird er in der Regel jetzt noch zur Perception des Stipendium Frankianum[11]) präsentiert, während er früher auch im Genuss des Mättigschen
Freitisches stand und dadurch ein nicht unbedeutendes Einkommen hatte.
Die Wahl des Calefactors oder Famulus lag früher allein in der Hand des Rectors; gegenwärtig ist es Brauch, dass er von diesem vorgeschlagen und vom Collegium
bestätigt wird.

II. Die Lehrerfassung.

Um sich über die Lehrverfassung des Gymnasiums, namentlich in den ersten
Zeiten seines Bestehens, ein richtiges Urtheil bilden zu können, ist es nöthig vorauszu-
schicken, dass bis zu dem Jahre 1699 die evangelische Schule die einzige öffentliche Unterrichtsanstalt war, welche Budissin hatte, wobei ich natürlich von den Schul-
verhältnissen der Katholiken vollständig absehe. In dem erwähnten Jahre wurde mit der
Waisenanstalt eine Armenschule verbunden (vgl. Hessler, Stift. III, S. 151 ff.), Michaelis 1783
die Prentzelsche Stiftsschule eröffnet (Hessler ebend., S. 61 ff.) und 1810 eine aus zwei

---

11) Friedrich Gottlob Fraake, welcher ehemals hier Vice-Landsyndicus und Advocat war, hat in seinem
den 3 September 1751 gerichtlich übergebenen und den 20 December desselben Jahres publicierten Testamente
„hundert Thaler jährliche Rente für zehn arme und gottesfürchtige Schüler auf hiesigem Gymnasium bestimmt,
welche das ganze Schulcollegium per vota maiora zu wählen und dem Administrator zu präsentiren hat."

Classen bestehende Armenschule begründet, da die zwei vorgenannten Anstalten dem Bedürfnis nicht genügten. Alle diese drei Schulen kamen aber bloss dem ärmern Theil der Bürgerschaft zu gute; der übrige Theil konnte seine Söhne nur in dem Gymnasium unterrichten lassen, welches sonach wie alle städtischen Gymnasien in jener Zeit Bürgerschule, Gymnasium und auch Seminar zu gleicher Zeit war. Daneben gab es freilich noch sogenannte „deutsche Schulen", auch Winkelschulen geheissen, auf deren Aufhebung der Conrector Schaller in seiner schon erwähnten Eingabe an den Rath antrug, weil sie die Einkünfte der Schulcollegen verminderten und einen nachtheiligen Einfluss auf die Disciplin ausübten. Nichtsdestoweniger blieben dieselben bestehen, und es scheint, dass die meisten Schüler, ehe sie in das Gymnasium eintraten, in ihnen die Elemente lernten; denn in der Lehrverfassung von 1700 ist auf die Abecedarii keine Rücksicht mehr genommen, wie dies noch 1592 der Fall ist. Dass aber derartige Winkelschulen, wie sie manchem älteren Leser dieser Blätter aus hiesiger Stadt noch in Erinnerung sein werden, als private Anstalten vielfache Uebelstände hatten, wenn sie auch von früh an unter einer gewissen Controle seitens des Pastor Primarius als Visitators oder Inspectors standen, bedarf keines Beweises; gründlich wurde denselben erst durch die provisorische Eröffnung der Bürgerschule am 1 November 1812 abgeholfen (vgl. Hessler, Stift. III, S. 89 ff.), welche Anstalt dann nach Vollendung des Bürgerschulgebäudes 1835 noch erweitert wurde. Inzwischen war auch 1817 die Begründung des hiesigen landständischen Seminars erfolgt, und das Gymnasium dadurch immer mehr allein eine höhere Unterrichtsanstalt geworden, deren einziger Zweck war, die für die Universität nöthige wissenschaftliche Vorbildung zu geben.

Damit aber hörte es auch zugleich auf, eine rein städtische Anstalt zu sein, und die Sorge für seine Erhaltung konnte billig nicht mehr der Stadt allein zugemuthet werden, sondern fiel der Provinz oder, wenn man will, dem Staate zu, da natürlich die einheimischen Schüler nur die Minderzahl bildeten; und der endliche Uebergang desselben an den Staat durch Vertrag vom 6 Juni 1861 scheint mir nur die letzte Consequenz der vollständig veränderten Verhältnisse zu sein.

Nach diesen Bemerkungen wende ich mich zu dem Unterrichtsplan, wie er uns in dem Programm von 1592 entgegentritt; denn die älteste Schulordnung enthält bloss zwei mehr äusserliche Bestimmungen, welche man allenfalls hierher ziehen könnte, die nemlich, dass die Lectionen im Sommer Vormittags von 6—9 Uhr, im Winter aber von 7—10 Uhr, und Nachmittags von 12—3 Uhr gehalten werden sollen, und dass der Rector die jährliche Lectionsordnung „auffs papier begriffen" der vom Rathe ernannten Schulinspection vorher einreichen solle. Ich gebe aber den Lehrplan Nehrkorns, in welchem die Classenziele und die Schriftsteller, welche gelesen wurden, genau verzeichnet sind, am besten mit dessen eignen Worten:

Sexta classis.

Puer ἀναλφάβητος et plane rudis, annos natus quinque, sex, aut etiam septem, in infimo ordine seu classe collocatur, ubi primum viva voce praeceptoris eruditur in simplici recitatione quinque capitum doctrinae coelestis, eo ordine, quo in Catechismo Lutheri germanico sese consequuntur: deinde in cognoscendis literis Alphabeti latini horis matutinis, germanici pomeridianis, et vocalibus consonantibusque, maxime iis, quarum aliqua est cognatio, distincte et articulate efferendis, praeceptore linguam et vocem moderante: praeterea in colligendis et connectendis syllabis, lectionisque initio faciundo, in tabella elementaria: in pingendis item creta literis, earumque figuris utcunque ducendis ac repraesentandis. Idque ut facilius Tirunculi assequantur. Collega, qui classi infimae praeest, in tabula parieti appensa depictas habeat literas, quarum figurae respondeant literis Alphabeti impressis, atque in ea figuras et discrimina literarum monstret universis. Ac sub egressum e schola singulis diebus a meridie duo vocabula rhythmica iisdem proponat, et altero die mane reposcat.

Ex hac classe seu tribu non transferuntur, nisi qui literas omnes perfecte cognoscere, nec inepte pingere, consonantes et vocales singularum syllabarum connectere, ac sigillatim syllabas efferre: denique syllabis formatis, integras voces legendo tolerabiliter pronunciare didicerunt.

Quinta classis.

In hoc ordine versantur partim qui lectionem in libellis Catecheticis, Donato et usitato Compendio exercent, et in dies expeditius latine et germanice legere discunt: partim qui paradigmata declinationum ac coniugationum memoriter recitant, praecipue vero Catechesin germanicam Lutheri, cum expositione. Hi etiam scribendo tam germanice quam latine plenius, quam superiores exercentur, sententia aliqua latina cum vernacula interpretatione creta praescripta, cuius illi exemplum summa diligentia in schola primum, deinde quoque domi in libellis ad eam rem paratis, effingere conantur, ut praeceptori id suo tempore exhibeant. Ad haec singulis diebus hora ultima recitant eam sententiam, quae hora duodecima fuit in tabula consignata.

Quarta classis

In hanc classem traductos exerceri volumus in Musicis praeceptis, in Etymologia et Syntaxi compendii usitati, Distichis Catonis, aut Proverbiis Salomonis, epistolis Ciceronis brevissimis, quales sunt illae, quas ad Terentiam uxorem, et Tironem Libertum scripsit: in fabulis Aesopi minoribus, ubi et usus regularum Grammaticae, et verba formulaeque latini sermonis diligentissime monstrantur: item in nomenclatore, ex quo, certis diebus, certum vocabulorum numerum ediscunt: in civilitate morum Erasmi, aut Camerarii, maxime vero in Catechismo Lutheri germanico ac latino. Psalmisque Davidis germanicis memoriae mandandis. Praecepta autem Compendii declarata, intellecta et recitata quolibet semestri absolvantur, et assiduis repetitionibus illustriora reddantur.

Initia etiam ab hoc ordine facimus exercitiorum styli, argumento unius atque alterius periodi brevioris, ad phrasium excerptarum imitationem, bis in hebdomade proposito, ut audita ad usum transferri et proprietas vocum ac vis phrasium rectius percipi possit.

Tertia classis.

Ad hanc classem aditus patet instructis iam magna copia vocabulorum, et in praeceptis communibus Grammaticae, et stylo mediocriter exercitatis. Retinetur hic Catechismus Lutheri latinus, adiecto Evangelio latino, cum Musicis exercitiis, quae communia habent hi cum quarta, secunda et prima classe, sed adhibetur Grammatica Philippi maior, epistolae Ciceronis a Sturmio selectae, paradigmata declinationum et coniugationum graecarum, ex Mecelero aut Cleonardo: Terentii comoediae: Prosodia latina Philippi, aut Fabricii: Nomenclator graecus: Bucolica Virgilii, aut Elegia aliqua Ovidii, sive loci communes Murmelii: Latina syntaxis Philippi: Fabulae Aesopi maiores: ac prosodiae praeceptis cognitis, ad versus scandendos et transpositas in versibus dictiones restituendas assuefiunt. Proponuntur et his bis in hebdomade argumenta breviuscula ad imitandas phrases in Cicerone et Terentio observatas ac memoriae traditas.

Secunda classis.

In hoc collocati ordine iam vires ingenii colligere incipiunt, et de se aliquid polliceri. In superiore enim classe exacte cognita sunt nominum verborumque et genera et inflexiones, ac praecepta orationis coniunctae. sic ut congrue latine scribant. nec in regulas Grammatices enormiter impingant: quae tamen subinde repetenda sunt, et memoria renovanda grammaticalibus certandi exercitiis, ubi alteri alterum provocare, et de loco cum ipso certare licet. Praelegitur autem his Evangelium graecum, epistolae Ciceronis ad familiares, et interdum eiusdem libri de senectute et amicitia. Grammatica graeca Moceleri aut Cleonardi, graeca Syntaxis ac Prosodia graeca: Liber item de virtutibus ac vitiis carminis elegiaci Fabricii, Catechismus Lutheri graecus, Georgica Virgilii, aut Ovidii Fasti, Tristia, vel de Ponto: Lucianus aut Plutarchus: Aurea carmina Pythagorae, Phocylidis, Theognidis: ubi assuefiunt ad quantitatis syllabarum rationem reddendam. Ter exercent stylum, semel in ligata, bis in soluta oratione: Interdum ad imitationem Ciceronis, interdum in materia epistolari aut historica: in carminibus vero faciendis sublevanda puerorum industria est, idoneis verbis ac phrasibus suppeditatis. Est enim per se molesta, idque in principio scribendi consuetudo. Nec tamen exercitatio convertendi latina in vernaculum sermonem negligatur.

Prima classis.

Huc qui conscendere volent, omnia in proxime superioribus classibus tradita, probe animis infixa habeant, et ab iis ita parati sint, ut cum fruge audire possint Evangelia Dominicalia versibus heroicis reddita a Posselio: Orationes Ciceronis, eiusdemque Officia, et Tusculanas quaestiones, Caesarem, Dialecticam et Rhetoricam Philippi Melanthonis: Poetas latinos Horatium et Virgilium, Psalterium Buchanani: Examen Philippi theologicum, et Progymnasmata Aphthonii, Sphaeram item Joannis de sacro busto, et Arithmeticam Gemmae Frisii: Autores Graecos omnium indicio probatissimos, Demosthenem, Isocratem, Hesiodum, Homerum. Ter in hebdomade exercent stylum, semel in soluta et libera oratione, et interdum sub forma declamationis. semel in ligata latina, et semel in graeca soluta ac ligata, alternatim. Nec vero desunt huic classi declamationum de praecipuis cum primis nostrae fidei articulis, anniversariis diebus festis, nec disputationum exercitia, thesibus ex praelectionibus desumptis et ad captum discentium accommodatis. In Musica non hi tantum, sed et superiores tres classes, ut diximus, exercentur. Liberalis enim huius artis est scientia, quam nisi a teneris discant pueri, grandiores sero cognoscent. Ac quoniam in hoc ordine cessat publica lectio graecae Grammatices, ne praecepta eius antea cognita oblivioni tradantur, praeter quotidianum usum praeceptorum in autoribus graecis licebit scholasticis, ut alter alterum provocet et de loco ex fundamentis graecae linguae cum eo certet. Submotus loco non tantum cum pudore cedat, sed etiam postero die recitet aliquid memoriter ex Cicerone, Virgilio aut Terentii Fabulis.

Diesem Lehrplan entspricht die distributio lectionum oder der Stundenplan, welchen ich als den ersten, den wir von der hiesigen Schule haben, in der zweiten Beilage vollständig habe abdrucken lassen. Aus einer Vergleichung beider ergiebt sich, um die Hauptsachen zusammenzufassen, folgendes: Nachdem man in S e x t a die Anfangsgründe des Lesens und Schreibens von lateinischer und deutscher Schrift gelehrt und die Hauptstücke des Katechismus durch Vorsagen eingeübt hatte, wurde in Q u i n t a, welche Classe man, wenn man überhaupt eine Parallele ziehen will, allenfalls mit der gegenwärtigen Sexta vergleichen könnte, Lesen und Schreiben weiter geübt, aber auch bereits ein Anfang in der lateinischen Formenlehre gemacht, indem man die Paradigmen der Declinationen und Conjugationen auswendig lernen liess; daneben wurde der deutsche Katechismus mit der Erklärung Luthers auswendig hergesagt.

In Q u a r t a begann der Gesangunterricht, dem in den vier obern Classen wöchentlich vier Stunden gewidmet waren. Der Katechismus in deutscher und lateinischer Sprache wurde in einer Stunde repetiert, wobei ich die Stunde am Sonntag nicht mitrechne, in einer andern wurden die Sprüchwörter Salomonis deutsch erklärt und deutsche Psalmen hergesagt. Die ganze übrige Unterrichtszeit mit Ausnahme einer Schreibstunde war dem Latein gewidmet. Man las Sturms Auswahl aus Ciceros Briefen, die kleineren Fabeln des Aesop, die Distichen Catos und Erasmus de civilitate morum, bei deren Erklärung man sich der deutschen Sprache bediente. Ferner wurden fleissig Vocabeln gelernt, die Anfangsgründe der Syntax nach dem Compendium [1][2] Grammatices latinae Ph. Melanchthonis pro incipientibus et Donatistis, conscriptum olim in schola Ilfeldensi. Lipsiae 1563 eingeübt, und endlich auch kurze Pensa ins Lateinische übersetzt.

In der T e r t i a waren von den 25 Unterrichtsstunden, welche nach Abzug der Singestunden übrig bleiben, eine für den lateinischen Katechismus, vier für die griechische Sprache, die übrigen alle für das Latein bestimmt. Davon wurden zehn auf die Lectüre von Ciceros Briefen in Sturms Auswahl, von Terenz, Virgils Eclogen oder Ovid und Aesop, vier auf die Syntax nach Melanchthons grösserer lateinischer Grammatik (es ist die zweite, von Camerarius besorgte Ausgabe von 1550), drei auf Stilübungen, eine auf die Prosodie nach Melanchthons prosodia latina und zwei auf metrische Uebungen verwendet. Im Griechischen begnügte man sich, die Paradigmen der Declinationen und Conjugationen nach der Grammatik von Cleonardus oder Mecelerus und ausserdem eine Menge Vocabeln lernen zu lassen.

Die S e c u n d a n e r lasen im Lateinischen in je zwei Stunden Ciceros epist. ad famil. oder de senectute und de amicitia, Terenz, Ovid oder Virgil (Georg.) und hatten drei Stunden Stilübungen; drei andere waren der Metrik, und zwar zwei der Praxis und eine der Theorie gewidmet. In zwei Stunden wurde ein certamen in der Grammatik angestellt. Im Griechischen wurde in zwei Stunden die Kenntnis der Formenlehre vervollständigt, in zwei andern Syntax und auch etwas Prosodie gelehrt. Gelesen wurden in je zwei Stunden Lucian oder Plutarch (de puerorum educatione) und Theognis oder (Pseudo-) Phocylides und die Gnomen des Pythagoras, daneben Sonntags das Evangelium im Urtext.

---

[1][2] Das Compendium war von Michael Neander, dem Rector der Klosterschule zu Ilfeld verfasst. Ueber das Verhältnis dieses Auszuges zur grössern Grammatik vgl Palm, Rede am 300jährigen Todestage Melanchthons im Progr. d. Gymn. mit Realsch. zu Plauen 1861, S 18.

Ausserdem wurde in einer Stunde der griechische Katechismus lateinisch erklärt und Sonnabends Nachmittag ein zweistündiges examen autorum, wohl eine Repetition des während der Woche Gelesenen, abgehalten.

In Prima endlich las man von lateinischen Prosaikern Ciceros Reden oder auch die Officien oder Tusculanen und Cäsar, von Dichtern Horaz oder Virgil, wozu noch die Paraphrase der Psalmen von Buchanan kam. Die Dialectik, welche damals nicht fehlen durfte, wurde in zwei Stunden nach Melanchthons Lehrbuch (Erotemata Dialectices continentia integram artem, ita scripta, ut iuventuti utiliter proponi possint, edita a Ph. Melanchthone. Vuitebergae 1581), die Rhetorik in eben so viel Stunden gleichfalls nach Melanchthon (Ph. Melanchthonis elementorum rhetorices libri duo recens recogniti ab ipso autore. Argentorati 1542) vorgetragen.[13] Vier Stunden wurden auf Stilübungen verwandt, wobei die verschiedenen Stilarten im Anschluss an die Lectüre geübt wurden, zwei auf lateinische Verse. Auf das Griechische kamen fünf Stunden, eine des Sonntags, wo die Evangelia et epistolae, quae diebus dominicis et festis sanctorum in ecclesia usitato more proponi solent, Graecis verbis reddita a Joanne Posselio. Rostoch. 1578 gelesen wurden, und vier wöchentliche Unterrichtsstunden; und zwar erklärte man in zweien einen Schriftsteller, entweder Hesiod (Homer) oder Isocrates (Demosthenes), eine wurde zur Uebersetzung ins Griechische und die letzte zu einem grammatischen certamen benutzt. Ausserdem hatten die Primaner zwei Religionsstunden nach Ph. Melanchthonis Examen eorum, qui audiuntur ante ritum publicae ordinationis, qua commendatur eis ministerium Evangelii: traditum Vuitebergae a. 1554. Vuitebergae 1588, und in zwei Stunden wurde Sonnabends das in den Schriftstellern Gelesene repetiert. Endlich erscheint in dem Lectionsplan der Prima auch eine Stunde Arithmetik, wobei es aber hauptsächlich auf die Uebung in den lateinischen Zahlen abgesehen war, und eine Stunde Astronomie nach Joannes de Sacrobusto libellus de Sphaera. Cum praefatione Melanchthonis 1531.[14]

Nimmt man nun zu der vorstehenden Uebersicht noch die Andeutungen, welche in der distributio lectionum über die damals übliche Methode des Unterrichts gegeben sind, so erkennt man bei einer unbefangenen Betrachtung zweierlei: erstens, dass die Schule der damaligen Zeit ganz und gar durchweht wurde von dem kirchlichen Geiste der Reformation, welcher sie gegründet hatte, und dass sie nichts anderes sein wollte, als sie in Wahrheit ist und hoffentlich auch trotz aller Anfechtungen bleiben wird, die Tochter der Kirche; zweitens aber, dass sie keinen andern Unterrichtsstoff kannte, als die beiden alten Sprachen, von denen jedoch wieder die lateinische bedeutend überwog, so dass der Name „lateinische Schule" eben so gerechtfertigt als bezeichnend ist. Das Ziel aller Gymnasialbildung der damaligen Zeit war, fertig lateinisch schreiben und sprechen zu

---

[13] Ich mag nicht unterlassen, hier beiläufig anzumerken, wie der berühmte Rector Siber in Grimma nach der Mittheilung Friedrich Palms in seiner narratio de pristina ill. Moldani disciplina, Programm der Königl. Landesschule Grimma 1860, S. 19. Dialectik und Rhetorik in seinem Lehrbuche unterschieden hat. Dialectica, sagt Siber, d. i. ars (recte, ordine et perspicue) docendi, rerum summas propriis verbis unde proponit, gehet fein kurtz auff den grund. Rhetorica vero addit ornatum in his materiis, quae orationis copia et splendore illustrari possunt, streicht die Sach aus nach der leng, das sie ein ansehen gewinne, und das man sie desto besser verstehen und begreiffen kan.

[14] Dass in Prima Arithmetik und Astronomie gelehrt wurden, ohne dass ein Rechenunterricht in den früheren Classen vorausgegangen, ist allerdings auffallend; doch findet sich ein Analogon hierzu im ersten Lehrplane von Joh. Sturm in Strassburg vgl. Raumer, Gesch. d. Päd. I, S. 296.

3 *

können; darauf arbeitete man mit aller Energie von Anfang an hin und selbst die Lectüre der Schriftsteller diente ausschliesslich diesem Zwecke. Von einer Einführung in den Geist des Alterthums oder nur des Schriftstellers, um diesen Modeausdruck, hinter dem sich freilich oft nur die vornehme Oberflächlichkeit unserer Zeit verbirgt, auch einmal zu gebrauchen, ja selbst von einer sachlichen Erklärung des Gelesenen ist nirgends die Rede; man gieng einzig darauf aus, den Schülern einen grossen Schatz von Worten, Phrasen und Sentenzen beizubringen, welchen sie selbst wieder verwerthen konnten, und sie zur Imitation anzuleiten und anzuhalten, wobei man ziemlich mechanisch zu Werke gieng (vgl. die eingehenden Bemerkungen Palms in der narratio S. 19); wurde doch selbst die lateinische Paraphrase der Psalmen nur dazu benutzt, um die vis verborum et phrasium zu erklären und die rhetorische Disposition zu veranschaulichen. So einseitig dieses Princip auch sein mochte, so erfolgreich war es doch, und wir haben, trotzdem dass „wirs so herrlich weit gebracht", kein Recht, auf die damalige Zeit vornehm herabzublicken. Die Schüler der alten lateinischen Schule wussten nicht sonderlich viel, aber sie konnten wirklich etwas und waren in einem Fache gründlich und tüchtig, wenn auch einseitig gebildet, die unserer Zeit wissen wohl mehr, aber — und dies wollen wir uns nicht verhehlen — können weniger.

Diesen kirchlich-formalen Charakter, wie ich ihn nennen möchte, hat die hiesige Schule bewahrt bis zum Anfange des achtzehnten Jahrhunderts; er tritt noch entschieden hervor in Rosenbergs Lehrplan, wenn auch die Classenziele, wie natürlich, verändert und einzelne Abweichungen eingetreten sind, worüber später bei Besprechung desselben das Nähere mitgetheilt werden wird. Vorerst ist noch anzugeben, was im Laufe des sieb-zehnten Jahrhunderts neu hinzugekommen ist und was zur weiteren Begründung des eben Gesagten dienen kann. Dahin aber rechne ich vor allem die uns erhaltenen Nachrichten über die öffentlichen Actus und die in diesen sowohl als in den Disputatorien behandel-ten Themata, welche uns einen deutlichen Blick in das geistige Leben der Schule dama-liger Zeit thun lassen.

Was das erstere zuvörderst anlangt, so geben die Stundenpläne, welche sich in den Rathsacten oft ohne Bezeichnung des Jahres finden, fast gar keine Ausbeute; wichtiger sind Theils Nachrichten, in denen freilich nur vom ordo superior und den Stunden des Rectors die Rede ist. Darnach erklärte derselbe des Sonntags nach der Kirche gewöhnlich die Evangelien und Episteln im Urtext, und 1666 bestimmte er „in honorem Dei, ut singulis diebus Sabbati (Nachmittags statt des frühern Examens) post explicatum Evangelium unus totum illud caput graecum memoriter recitaret, in quo pericopa illa dominicalis contineretur." Die Lehrstunden begannen und schlossen mit einer lectio biblica, auf welche dann noch ein Gebet folgte; und zwar wurde zu Anfang allemal ein Capitel aus der deutschen Bibel von einem Schüler der ersten tabula vorge-lesen, so dass nach und nach die ganze Bibel durchgelesen wurde. Zum Schluss dagegen wurde regelmässig ein deutscher Psalm vorgelesen. Ferner wurde auch das neue Testa-ment, namentlich der historische Theil desselben, im Urtext erklärt. In den Religions-stunden wurde statt Melanchthons Examen Dieterici Catechesis zu Grunde gelegt.

Bei der Lectüre, insbesondere bei der lateinischen, erscheinen einige neue Schrift-steller, so von den Prosaikern Sallust, Justin, Seneca (de providentia) und aus der Zahl der Kirchenväter Cyprian (de mortalitate); von Dichtern Lucan, Juvenal (sat. XIII, XIV) und Prudentius (lib. Cathemerinon und Apotheosis). Charakteristisch ist, dass man auch die Neulateiner in den Kreis der Lectüre zog, so besonders Mureti orationes; auch I. Lipsii de calumnia oratio wurde einmal interpretiert, gelegentlich auch eine Elegie von P. Lotichius und G. Sabinus und ein Auszug aus der Christias des Marcus Hieronymus Vida, welchen Theil selbst hatte drucken lassen.

Der Kreis der griechischen Schriftsteller ist durch Euripides (Hecuba) vermehrt. Ein bestimmtes Pensum für jedes Semester kannte man noch nicht; so las, um nur einige Beispiele anzuführen, Theil fast drei Jahre hintereinander Ovids Tristien vom 13 November 1645 bis Ende Mai 1648, vom 14 Juni 1649 bis 15 September 1651 die Episteln ex Ponto, den Lucan von 1661 — 1666, und die Verrinen interpretierte ebenderselbe vom 29 August 1661 — 17 Juli 1668.

Als ein weiterer Zuwachs ist der Unterricht im Hebräischen zu betrachten. Die ersten Spuren desselben finden sich schon unter Gensel, wo ein Primaner bei einem Actus eine hebräische Rede de Angelorum officio in statu ecclesiastico hielt; unter Theil, welcher ihn selbst ertheilte, war er stehend, leider aber sieht man nicht, wie viel Stunden darauf verwendet wurden; viel können es nicht gewesen sein, denn in der analysis Ebraea Psalmorum, um seinen eignen Ausdruck zu brauchen, absolvierte derselbe gewöhnlich im Laufe eines Jahres nur sechs bis zehn Psalmen. Daneben wurden freilich auch noch die historischen Bücher analysiert.

Die wesentlichste Veränderung endlich, von der sich zuerst unter Theil sichere Spuren zeigen, ist, dass neben den öffentlichen Stunden auch lectiones privatae oder collegia privata gehalten wurden, welche von da an bis 1835 bestanden. Sie scheinen sich aus den exercitiis declamationum et disputationum, welche schon 1592 erwähnt werden, entwickelt zu haben. Genöthigt waren die Lehrer dazu durch ihre selbst für die damalige Zeit äusserst kärglichen Gehaltsverhältnisse[14]; denn selbstverständlich wurden diese collegia besonders honoriert. Ein Zwang, dieselben zu besuchen, fand damals, wie es scheint, nicht statt; die Zahl der auditores oder collegae, wie Theil seine discipuli privati nennt, war verschieden; es kam auch vor, dass nicht alle bis zum Schluss aushielten, es muss also in Betreff dieser Lectionen eine mehr academische Freiheit geherrscht haben. Theil erwähnt noch, dass auch diese horae mit einer lectio biblica begannen und schlossen. Ich führe nun beispielsweise einige solche Collegien, wenn möglich mit Angabe der Zeitdauer, an: Collegium poeticum, in quo ex poetica Gissensium (?) modus conficiendorum carminum monstratus deque variis eorundem speciebus actum est, 24 Mai — 13 Sept. 1642; coll. disputatorium logico-topicum vom 17 Jan. — 8 Apr. 1643; coll. analyticum, quod ex ipsis sacrae scripturae et bonorum autorum fragmentis cum quibusdam (11) discipulis institutum erat, ut vera methodus et analysis tum logica tum rhetorica iisdem demonstraretur; coll. epistolicum et exercitium narrationum latinarum vom 8 Sept. 1646 — 26 Jan. 47; coll. disputatorium logicum, cui inserta est doctrina caussarum, vom 22 Juni — 26 Oct. 1647; exercitium ethicum, in quo praecepta ad calamum dictabantur ex bonis autoribus; coll. ethicum explicatorium, subiuncta centuria variarum quaestionum ethicarum, quae disputando percurrebantur, vom 10 Juni — 9 Sept. 1651.

Diese Angaben werden hoffentlich genügen, um wenigstens eine ungefähre Vorstellung über diese Collegien zu goben. Ich wende mich nun zu den öffentlichen Acten und den in ihnen und den Disputatorien behandelten Themen.

Die Anzahl der feierlichen Actus, in welchen die Schüler von ihren Leistungen öffentlich Zeugnis ablegen konnten, war früher eine viel grössere als jetzt. Dieselben schlossen sich zunächst an das Kirchenjahr an; an allen hohen Festen wurden am dritten Feiertag dergleichen abgehalten, eben so auch zu Michaelis, häufig auch zu Anfang des neuen Jahres, um demselben eine „strena" darzubringen, und in der Fastenzeit nach Dom. Laetare. Ferner war es Sitte, dass niemand von der Schule abgieng, ohne zu valedicieren, und da der Abgang in der damaligen Zeit dem freien Ermessen eines jeden anheimgestellt war, so wurde sehr häufig ein Valedictionsactus, und oft zwei ganz kurz nach einander gehalten, und auch diese waren gewöhnlich öffentlich. Dazu kam seit 1674 der Mättigsche Gedächtnisactus; und da die Zahl noch durch andere vermehrt wurde, bei denen eine besondere Veranlassung sich nicht nachweisen lässt, so kann es nicht befremden, dass häufig über ein Dutzend, ja einmal sogar über 20 Actus in einem Jahre abgehalten wurden: und da der Rector zu allen, welche öffentlich waren, durch ein wenn auch kurzes Programm einlud, so begreift es sich, dass Theil seine Programme nach Centurien rechnen konnte. Nimmt man endlich hinzu, dass manche der jugendlichen Redner das Ende nicht finden konnten, wie denn einer einmal beinahe zwei Stunden lang de principe perorierte, und ein anderer, welcher nicht der einzige Sprecher war, 245 Distichen vortrug, so kann man sich nicht gerade wundern, dass diese Redeübungen eben so wie die Examina nicht immer so zahlreich besucht waren, als es im Interesse der Schule wohl wünschenswerth gewesen wäre, und Theil oft bitterlich über die geringe Theilnahme, namentlich des Senats und der Geistlichkeit, klagt. Eine nicht minder rege Thätigkeit herrschte in den Disputatorien; im Jahre 1618 wurden 144 Themata, von denen je 48 aus der Grammatik, Dialectik und Theologie (Dogmatik) genommen waren, zweimal durchgesprochen (bis ventilata), und daneben werden noch 8 exercitia oratoria prolixiora und 34 breviora erwähnt; von dem darauf folgenden Jahre aber zählt Gensel 7 exercitia prolixiora, 63 breviora und 240 disputatoria ex philologia, rhetorica, physica et theologia deprompta auf.

Dass nur in lateinischer Sprache disputiert wurde, braucht nicht erst gesagt zu werden: auch in den Redeacten war diese Sprache die gewöhnliche, und zwar meistens in der Form der Rede; ganz vereinzelt erscheint die neuerdings von Seyffert wieder zu

Ehren gebrachte Chrie. Auch lateinische Verse fehlten natürlich nicht, namentlich wenn mehrere auftraten; am häufigsten waren Hexameter und Distichen, doch kommen auch andere lyrische Metra vor, besonders in der sehr beliebten Parodia. Daneben erscheint dann und wann eine griechische Rede und ein griechisches Gedicht in Hexametern; die hebräische Sprache war ebenfalls nicht ganz ausgeschlossen, wurde aber höchst selten gebraucht; eben so selten war der Gebrauch der Muttersprache (ich habe mir aus Theils Rectorat ein carmen opitianum und zwei carmina alexandrina angemerkt); unter Gensel sprach auch einmal einer vandalice d. i. wendisch, und als eben derselbe einen Actus de linguis hielt, hörte man Reden in deutscher, lateinischer, hebräischer, griechischer, italienischer und wendischer Zunge. Gewöhnlich traten nur Schüler auf; nur der Rector Gensel eröffnete und schloss den Actus häufig selbst, wie er überhaupt seinen Schülern im Lateinisch-Reden mit gutem Beispiele vorangieng; unter diesem kam es auch einmal vor, dass sich der Informator zweier adeligen Schüler am Actus betheiligte. Auswendig gelernt wurden nicht alle Reden: Theil bemerkt es jedes Mal, wenn einer memoriter sprach; selten wurden Gedichte gelesen. Zu bedauern ist, dass wir nur die Themen besitzen und sich keine Reden und Gedichte[16]) erhalten haben; wir würden dann auch eine Einsicht in die Art der Auffassung und Behandlung gewinnen; und es wäre zu wünschen, da ja auch unsere Zeit wohl für die Nachwelt ein historisches Interesse haben wird, dass wenigstens die öffentlich gehaltenen Reden und Gedichte regelmässig, wie es hier und da geschieht, in dem Gymnasialarchiv aufbewahrt würden.

Auf diese allgemeinen Bemerkungen lasse ich nun zunächst einige Streitfragen folgen, welche unter Gensels Leitung in den Disputatorien behandelt wurden; derselbe versichert zwar in dem epilogus ad lectorem ausdrücklich: Non est, quod arbitreris, multa tractari hic, quae supra studiosae inventutis captum; ich kann aber nicht leugnen, dass mir dann und wann bei dem Durchlesen seiner Programme ein bescheidener Zweifel beigekommen ist.

I. Exercitia disputatoria ex grammatica et philologia deprompta.

An voces brutorum, ut sunt cucu, cru, uhu etc. ad Interiectiones referri queant? — An detur optativus in latina lingua? — An salvis grammatices praeceptis dici possit: Exconsul, Exquaestor? — Utrum Hebraea lingua sit fons et parens caeterarum? — Utrum Scabini recte dicantur quasi scamini, quod in scamnis consideant? — An prisca Graecorum, ut vulgo iactatur, pronunciatio in scholis usurpanda? — Utrum Graeci iota habeant pro consonante? — An vocula Sathanas vitiose per th scribatur? — An licitum sit inmiscere graeca latinis et versus prosae orationi? — Utrum versifex et poeta differant? — An Homerus fuerit caecus? — An se, sp, st, proxime antecedentis dictionis vocalem natura brevem in compositione carminis producant? — An modus verborum gerundivus in do pro cuiusvis arbitrio corripi queat? — Utrum ii, qui in sermone aliquid perperam prolatum corrigere volunt, melius hoc faciant per verbum „inquam", an vero per has voculas „id volui dicere"? —

---

16) Die bei Theils Ableben von 89 Schülern desselben (jedenfalls dem auditorium superius) verfassten Trauergedichte, welche unter dem Titel „Urna Lacrymatoria" und „Schmertzlicher Cypressen-Saft, durch das klägliche Absterben des Herrn J. Theills etc., aus wehmüthigen Hertzen, etlicher seiner Discipuln gepresset und abgestattet" gedruckt worden sind und sich auf der hiesigen Rathsbibliothek befinden, können natürlich hier nicht in Betracht kommen. Die meisten derselben sind lateinisch, doch sind auch über zwanzig deutsche darunter

— 24 —

II. Ex. disp. ex dialectica et rhetorica deprompta.

An bruta canescant? — Utrum logices usus sit in theologia? — Utrum logica sit scientia? — Utrum rhetorica derivetur a verba ῥέω? — An eloquentia et rhetorica unum idemque sint? — An finis rhetorices in persuasione consistat? — An vere eloquens sit ille, qui nunquam praecepta rhetorices didicit? — Utrum genus iudiciale merito inter caetera ultimum obtineat locum? — Utrum in scholis utile sit adolescentibus in genere iudiciali ad elaborandum proponere themata? — Utrum climax apud rhetores distinguatur a sorite? — Utrum extemporanea oratio sit probanda? — Utrum rhetorica ecclesiastica peculiare requirat systema? — An ornatus rhetoricus a concionibus sacris removendus? — Utrum tempore Ciceronis fuerit ars mnemonica? —

III. Ex. disp. ex physica et theologia deprompta.

An philosophia in paedagogiis celebrioribus sit docenda? — An philosophia pugnet cum theologia? — An locus possit definiri? — An coelum habeat materiam? — Utrum detur ignis elementaris? — An stryges tonitrua efficere possint? — An campanarum pulsu tempestates fugari possint? — An iris fuerit ante diluvium? — Utrum stella, quae Magis apparuit, fuerit meteorum? — An chymici artis suae beneficio verum ac naturale aurum possint producere? — An plantae sensu sint praeditae? — An anima brutina una cum destructione compositi intereat? — An concedi possit sensus sextus, ut vult Scalig. exerc. 286 s. 3? — An in statu innocentiae etiam somnus concedendus? — Utrum fidelium liberi absque peccato nascantur? — Utrum mulierem quoque Deus ad imaginem suam condiderit? — An homo ex naturalibus viribus aliquid ad sui conversionem conferre queat? — Utrum Deus dederit legem in monte Sinai, quae possit servari? — Utrum Evangelium contineat leges? — An sola fide homines sal ventur? — An meritum Christi sese extendat ad omnes homines? — Utrum gentilium opera sint peccata? — Utrum bona opera promereri possint vitam aeternam? — Utrum Papistica confessio, ubi statuitur omnium peccatorum enumeratio singularis, sit probanda? — Utrum confessio auricularis apud Lutheranos sit probanda? — Utrum a Magistratu interrogatus pastor teneatur manifestare ea, quae in confessione dicta? — An licitum sit petere ministerium Ecclesiasticum? — An Ecclesia Romanensium recte possit dici catholica? — Utrum Pontifex Romanus sit Antichristus? — Utrum vestes illae albae et similes, quibus utuntur nostratium Ecclesiarum ministri, ad classem adiaphororum possint referri? —

Dass diese zahllosen Disputatorien es den Schülern gewissermassen zur andern Natur machten, jede Sache von den entgegengesetzten Seiten zu beleuchten und für und gegen dieselbe zu sprechen, erkennt man daraus, dass sie diese Gewohnheit auch in den Redeübungen, den kleinern sowohl als den grössern, beibehielten. So widerrieth einst einer seinen Mitschülern das Studium der Grammatik, sein Nachfolger aber „antecessoris sui orationem destruxit et contrariam sententiam firmis probavit fundamentis". Ein anderes Mal sprach einer gegen die Arithmetik: nach ihm aber kam ein anderer, welcher „numerandi scientiae maculas inustas abstersit et ea ipsa nihil praestantius, utilius nihil, nihil iucundius in mundi huius extare theatro docuit". Oft sprach ein und derselbe für und gegen; z. B. hielt einer erst eine Philippica gegen die Frauen, aber dann „antecedente declamatione refutata, femineo sexu nihil nobilius, utilius nihil, nihil suavius esse liquido demonstravit". Ein anderer „aliquot argumentis palam fecit, Iesuitas malo iure se de nomine Jesu vocitare"; aber „idem Jesuitarum suscepit patrocinium" und zuletzt „quid statuendum de duabus a se recitatis orationibus, plane ac plene ostendit".

Ein ähnliches Verfahren fand häufig in den grösseren Acten statt, welche dann einer förmlichen Gerichtssitzung glichen. Ein Präses eröffnete gewöhnlich die Sitzung, indem er das Thema ankündigte und um geneigtes Gehör bat; dann sprachen von den Assessoren die einen für, die anderen gegen die Sache; ein Judex gab hierauf die Entscheidung, und der Präses schloss mit einem Danke gegen die Assessoren und Zuhörer. In dieser Weise liess Gensel folgende Fragen behandeln: An haereticis servanda fides? — Utrum haeretici sint interficiendi? '— An Lucretia recte fecerit, quod sibimet manus intulit violentas? — An Christiani salva conscientia bella possint gerere? — An Herodes recte fecerit, quod infanticidium instituit? — Und einmal kam eben derselbe sogar auf den originellen Einfall, die Sitzung einer gelehrten Academie nachahmen zu lassen, indem er den auftretenden Schülern die Rollen berühmter Philologen zutheilte, das Präsidium aber dem römischen Antiquar M. Terentius Varro aus Reate übertrug; den vollständigen Bericht über diesen Actus enthält die Anmerkung [17]).

Sonst wurden für die kleineren Actus die Themen aus den verschiedensten Gebieten genommen; alle nur möglichen Tugenden und Laster wurden durchgesprochen; auch die Geschichte und Literatur lieferte Stoff, die Helden und Schriftsteller des Alterthums wurden eben so wie die deutschen Könige gefeiert; dann und wann wurde auch eine Parallele gezogen. Und es fehlte auch damals selbstverständlich nicht an jugendlichen Patrioten, welche der Provinz, in welcher sie geboren und vor allem der Lausitz und der Stadt Budissin die gebührende Huldigung darbrachten. Ausserdem musste die ganze sichtbare Welt Stoff liefern. von den Planeten, zu denen damals noch die Sonne gehörte, bis zu den Steinen und Metallen. Einer besondern Theilnahme hatte sich das Thierreich zu erfreuen, wobei sowohl Vierfüssler aller Art, wie der Elephant, das Kameel, der Ochs und das Pferd, als auch Vögel besprochen wurden, wie denn Theil

---

[17]) De equo Trojano.

1) Rector de hostibus rei literariae pauxillum disseruit, eamque inter hosce falsa opinio prima obtinere fuerit visa, eiusdem oppugnationem, imMo repugnationem, quoad praesens thema, indixit, et spectatores ad accuratam lustrationem amice invitavit.

2) Petrus Dreyer	Varronis Praesidis opponentis.
3) Johannes Reichius	Caelii Rhodogini
4) Johannes Halcius	Justi Lipsii
5) Thomas Reichius	Joachimi Camerarii
6) Emanuel Hermanus	Hadriani Turnebi
7) Petrus Dreyer	Varronis Praesidis comitam Assessorem antecedentium probantis quidem, iudicium tamen suspendentis.
8) Jonas Neumler	Johannis Crispini Secretarii iussu Praesidis de Musica instituenda expedientis.
9) Petrus Dreyer	Varronis Praesidis subsequentium Assessorum sententiam audire discupientis.
10) Johannes Mittagius	Antoni Mureti
11) Tobias Thabor	Pauli Manutii
13) Johannes Leppinus	Georgii Fabricii
13) Heinricus Heidenreich	Jacobi Sadoleti
14) Petrus Dreyer	Varronis Praesidis in urgentem sententiam inclinantis.
15) Johannes Renccrius	Josephi Scaligeri Judicis decisionem publicantis.
16) Petrus Dreyer	Varronis Praesidis Judici applaudentis et Assessoribus gratias agentis.

Assessorum negativam sententiam defendentium. (braces for items 3–6)

Assessorum affirmativam partem propugnantium. (braces for items 10–13)

17) Rector Spectatoribus pro impensa opera memorem obtulit animum.

4

einmal einen Actus de avibus a litera a incipientibus (de aquila, ansere, alauda et acauthide, accipitre) abhalten liess [18]). Als weitere Curiosa erwähne ich noch, dass einer „rationes aliquot, propter quas studiosis adolescentibus carceris tam scholastici quam civici poena curiose devitanda, in declamatoria explicuit cathedra", ein anderer dem Kegelspiel eine Lobrede hielt, ein dritter „matrimonii dignitatem et utilitatem celebravit" und wieder ein anderer seinen Zuhörern das Nihil empfahl. Selten wurde eine Sentenz aus einem Profanschriftsteller zu Grunde gelegt, häufiger noch eine Stelle aus der Bibel. Sehr beliebt endlich waren auch bei den Redeacten die Themen aus der Dogmatik, und es wurde in denselben häufig und mit grosser Ausführlichkeit über Gegenstände gesprochen, über welche heut zu Tage kein Professor der Theologie eine gelehrte Abhandlung schreiben kann, ohne das Misfallen eines der liberalen Kammerredner und Zeitungsschreiber zu erregen, z. B. über Christi Höllenfahrt, das jüngste Gericht, die Glückseligkeit des ersten Menschen. Vorzüglich wurden derartige Themen, wie es die Natur der Sache mit sich brachte, in denjenigen Acten behandelt, welche sich an die hohen christlichen Feste anschlossen. Hier trat aber, wie es nicht anders sein konnte, die aus den Disputatorien herübergenommene Form zurück, obgleich man noch immer den Actus als ein zusammengehöriges Ganze auffasste und die Reden und Gedichte in Beziehung zu einander standen [19]). Der erste Redner gab der Festfreude im allgemeinen einen Ausdruck (festivitatem intimabat), dann folgten die eigentlichen Festreden, wobei sich gewöhnlich mehrere Sprecher in das Thema theilten; der letzte erzählte die Veranlassung des Festes, gewöhnlich in einem lateinischen Gedichte, und schloss mit dem Danke gegen Gott und die Zuhörer.

Ich führe zum Schluss noch die hauptsächlichsten Themen an, welche an den hohen Festen den Gegenstand der eigentlichen Festreden zu bilden pflegten. Zu Weihnachten war dies das Mysterium der Incarnation, der Name Jesu, der Lobgesang der Engel in zwei oder drei Theilen, die Erniedrigung des Wortes, der Anfang des Evang. Joh. (v. 1—9). Daneben kam es aber auch vor, dass drei Schüler über die Glieder des Körpers Jesu Christi sprachen. Zu Ostern behandelte man Christi Leiden und Unschuld, die Zeugnisse für die Auferstehung und die drei Aemter Christi; zu Pfingsten die notas hieroglyphicas Spiritus Sancti (ventum, ignem, linguas atque columbam), die Gottheit des heiligen Geistes, sein officium als advocatus, consolator und doctor und die Frage, cur in linguis apparuerit. Zu Michaelis beschäftigte man sich vorzugsweise mit der Lehre von den Engeln. Mit welcher Ausführlichkeit man dabei zu Werke gieng, zeigt das Programm zu dem Actus von 1650. In diesen traten fünf Schüler auf. Die ersten vier handelten in lateinischen Reden de quindecim quaestionibus in doctrina de Angelis occurrentibus, und zwar der erste de quinque illis quaestionibus: Quo die Angeli a Deo sint creati; an ad imaginem Dei sint creati; an et quomodo in assumtis corporibus comederint; an pos-

---

[18]) Den Bericht über diesen Actus schliesst Theil mit dem frommen Wunsche: Deus det, ut omnes scholastici imitentur aquilas in subtilium et sublimium inquisitione, anseres in vigilantia et foecunditate, alaudas et acanthidas in vocis elegantia atque suavitate, accipitres vero in celeritate et laboriositate.

[19]) Dafür dass mehrere Actus im Zusammenhange mit einander standen, habe ich bloss ein Beispiel gefunden. Zu Anfang des Jahres 1610 nemlich lud der Rector M. Bircius „omnium ordinum viros literatos et literarum fautores amanter et officiose" ein, zu Reden de rebus oeconomicis, die auf vier Actus vertheilt waren, anzuhören. Die Redeübungen fanden in den beiden ersten Monaten des Jahres statt. Leider gestattet es der Raum nicht, hier näher auf die Vertheilung des Stoffes einzugehen.

sint in beatitudine proficere; an certi sint Angelorum ordines; der zweite de iis: An Deus uni Angelo unum saltem committat officium; an unicuique homini unicus adiunctus sit Angelus; an Angeli praesides sint provinciarum; der dritte de ea: An Angeli sint adorandi; der vierte sex de diabolis evolvit quaestiones: An possint edere miracula; quare Deus ipsis hanc potestatem concedat; an morbos possint depellere; an mortuos in vitam revocare; quomodo a bonis sint discernendi; an in malis operibus patrandis operas dividant; der fünfte endlich recapitulierte kurz in lateinischen Hexametern die Lehre von den Engeln [10]) und dankte.

Ich gehe nun zu der Betrachtung und Besprechung des Rosenbergschen Lehrplans über, welcher den leges von 1700 beigefügt und wie diese in lateinischer Sprache abgefasst ist.

Das Erste, was uns hier entgegentritt, ist die veränderte Classeneintheilung, über welche S. 4 das Nöthige bemerkt ist, die natürlich auch eine andere Anordnung des Unterrichtsstoffes nöthig machte; das Zweite ist die dreifache Theilung der Stunden (lectiones) in publicae, privatae und collegia privatissima. Die letzteren zwei Classen sind jedoch nicht in den Stundenplan aufgenommen, daher wir über die Zeit, auf welche sie gelegt waren, im Unklaren sind und uns bei der allerdings wahrscheinlichen Vermuthung beruhigen müssen, dass sie in den Vormittagsstunden nach dem Schluss der öffentlichen Lectionen, und an dem Nachmittag des Donnerstags und Vormittag des Sonnabends, wo nach wie vor feriae ordinariae waren, gehalten wurden. Auch das, was in ihnen getrieben wurde, ist nur bei dem auditorium superius genauer angegeben.

Vollständig dagegen sind wir über die gesetzlichen Vorschriften, welche in Betreff derselben bestanden, unterrichtet. Darnach durfte niemand an den horis privatis Theil nehmen, der nicht von dem Rector inscribiert war und die öffentlichen Lectionen besuchte; ferner waren dieselben im auditorium superius nur dem Rector, Conrector und Tertius, in der classis media dem Conrector, Tertius, Cantor und dem fünften Collegen, in der classis nova dem Cantor, dem fünften und sechsten Collegen, und in der letzten Classe nur den beiden untersten Collegen gestattet. Collegia privatissima zu halten, war dagegen allen Lehrern erlaubt, doch hatten die superiores das Vorrecht, und es musste dem Rector vorher angezeigt werden, welche Disciplin und wie man sie vortragen wollte. Sie durften ferner nicht über ein Semester ausgedehnt werden; auch war selbstverständlich nicht gestattet, in ihnen etwas zu lehren, was in Widerspruch mit den öffentlichen Lectionen stand. Endlich war zwar ausdrücklich bestimmt, dass die Schüler nicht mit einer Menge Collegien überschüttet werden sollten, doch lag die Gefahr gewiss sehr nahe, dass dies in der Praxis wirklich geschah und die lectiones publicae von den Lehrern sowohl als den Schülern als Nebensache betrachtet wurden und die letztern sich in diesen an ein gedankenloses Dasitzen gewöhnten. Der öffentlichen Lehrstunden hinwiederum, welche, beiläufig bemerkt, immer noch nach dem Gebet mit einer lectio biblica begannen, sind weniger geworden, was zum Theil darin seinen Grund hatte, dass von 12—1 Uhr nur in der letzten Classe, mit Ausnahme des Sonnabends, unterrichtet wurde; die classis nova

---

[10]) Es ist von Interesse, hiermit zu vergleichen, was G. T. A. Krüger in seinem Programm: Die Primaner-Arbeiten gegen Ende des siebenzehnten und im Anfange des achtzehnten Jahrhunderts. Braunschweig 1860. S. 5., von dem Martineum in Braunschweig berichtet. Weitere Parallelen bietet Pertuchii chronicon Portense II. S. 46 ff.

4*

hatte gar keine Lectionen, die media und prima nur je zwei Singestunden in dieser Zeit. Ausserdem besuchten die ersten drei Classen Freitag früh die Kirche, nachdem in der Schule ein Gebet gehalten und im auditorium superius auch ein Capitel aus der Bibel gelesen war; fiel die Kirche aus (cessantibus oder intermissis sacris), so wurden Religionsstunden gehalten, und nur in Prima kam eine Stunde Latein hinzu. Doch habe ich diese, eben so wie die Singestunden, bei der folgenden Uebersicht nicht mit in Rechnung gebracht.

Die ultima classis also, um mit dieser zu beginnen, welche an die Stelle der früheren Quinta und Sexta getreten war, die jetzige Sexta, hatte 27 Unterrichtsstunden wöchentlich. Davon kamen 7 auf Religion, 4 auf Schreiben und Arithmetik, 1 auf Lesen und 1 auf Lesen und Schreiben von deutscher und lateinischer Schrift, die übrigen 14 auf das Latein. Von den 7 Religionsstunden waren 4 dem deutschen Katechismus cum explicatione Dresdensi [1]), 1 dem Hersagen der Psalmen aus dem Donat, 1 der explicatio et resolutio dictorum sacrorum (Bibelsprüche) memoriter reddendorum, und die letzte dem Lesen und Hersagen des Sonntagsevangeliums in deutscher Sprache gewidmet. In einer der 4 Rechnen- und Schreibstunden wurde ausschliesslich das Einmaleins (mensa Pythagorae) eingeübt. Bei dem lateinischen Unterricht gebrauchte man den Donatus, das Vocabularium Gothanum und Vestibulum Comenii (vgl. Raumer, Gesch. d. Päd. II, S. 70 ff.). Man übte die regelmässige Declination und Conjugation ein (6 St.), liess Vocabeln und auch Verschen lernen (2 St.), machte den Anfang mit dem Vestibulum (2 St.), übte ebenfalls nach dem Donat die nöthigsten syntaktischen Regeln ein (1 St.) und übersetzte exercitiola aus dem Vestibulum und Vocabularium in das Lateinische (3 St.). Diesen lateinischen Unterricht hatten jedoch nur die provectiores; doch kann man aus dem Stundenplan nicht ersehen, womit die inferiores unterdessen beschäftigt wurden. Ein Fortschritt ist insofern sichtbar, als die Abeceschützen verschwunden sind (s. S. 15) und bereits in dieser Classe schriftliche Uebersetzungen ins Lateinische gefertigt wurden. Der gesammte Unterricht lag übrigens in der Hand der beiden letzten Lehrer.

Die nova classis (die Nehrkornsche Quarta, jetzige Quinta) hatte wöchentlich 21 Stunden; und zwar wurde nach Absolvierung des lateinischen Katechismus die Erklärung des Dresdner begonnen (2 St.); ferner wurden die Fest- und Sonntagsevangelien erklärt und theils deutsch, theils lateinisch hergesagt (2 St.). Das Rechnen nach Reiheri libellus Arithmeticus und das Schreiben von deutscher und lateinischer Schrift wurde in je einer Stunde geübt. Die übrige Unterrichtszeit (15 St.) fiel dem Latein zu. Man vervollständigte zunächst die Formenlehre, indem man die Genusregeln mit ihren Ausnahmen lernen liess (1 St.) und zu der Declination die Comparation der Adjectiva und zu der regelmässigen Conjugation die unregelmässigen Perfecta und Supina (letztere aus Schmids Grammatik), endlich auch Adverbien, Präpositionen und Conjunctionen fügte (3 St.). Die Syntax behandelte man etwas ausführlicher, als in der ultima (2 St.), und übte die Regeln gleich praktisch ein. In 2 Stunden beendigte man das Vestibulum, in einer das Vocabularium Gothanum, in 2 andern wurden Maturini Corderi colloquiorum scholasticorum lib. IV gelesen. Ausserdem erklärte man noch sententiae Zehneri insigniores (1 St.) und

[1]) Es ist der 1688 zuerst erschienene „kleine Catechismus Dr M. Luthers, auf churfürstlichen Befehl vom Ministerium zum heil. Creutz in Dresden durch Frag und Antwort erläutert", gewöhnlich Kreuzkatechismus genannt, welchen Kirchenrath Dr. Langbein 1851 in neuer Auflage unverändert abgedruckt herausgegeben hat.

hiess sie auswendig lernen, wie man denn absonderlich darauf bedacht war, die Kraft des Gedächtnisses zu üben. In den übrigen 2 Stunden übersetzte man kurze Exercitia aus dem Vestibulum und Vocabular, und eine wendete man zur imitatio brevis ex colloquiis Corderi an. Der Unterricht in dieser Classe wurde von vier Lehrern ertheilt.

In der media classis (bei Nehrkorn Tertia, jetzt Quarta) erscheinen auf dem Stundenplane 2 St. Religion nach der schon früher eingeführten Catechesis Dieterici [11]), 1 St. Logik und Rhetorik, von denen natürlich nur die Anfangsgründe gelehrt wurden, 3 St. Griechisch, und zwar 2 St. Formenlehre (Declination und Conjugation) nach Jac. Welleri Grammatica graeca, die ich nur aus der von J. Fr. Fischer besorgten Ausgabe von 1756 kenne, und 1 St. Erklärung und Imitation des griechischen Sonntagsevangeliums, und 16 St. Latein. In den fines lectionum in media classe findet sich aber noch die Angabe: In Arithmetica, absolutis speciebus (dem Pensum der zwei untern Classen) ad notitiam et praxin Regulae de Tri porro ducantur; dies muss also in einer lectio privata geschehen sein. Die lateinischen Stunden waren folgender Massen vertheilt: 5 St. Grammatik, und zwar 4 Formenlehre und 1 Syntax nach Schmids Grammatik [12]), 1 Prosodie mit Uebungen im Scandieren und Zusammensetzen gelöster Verse, 4 Stilübungen (2 zur Imitation ex Corneliana lectione, 1 ex epistolis Ciceronis, 1 im Anschluss an die Syntax). Gelesen wurden (explicabantur) Cornel (2 St.), Cicer. epist. (1 St.), Aesop (1 St.), Virgilii eclogae oder ausgewählte Elegien aus Ovid. epist. ex Ponto (1 St.), Schola Latinitatis Gothana (1 St.). In den fines sind ausserdem noch genannt Terentius, Erasmus de civilitate morum und Georgii Fabricii Chemnicensis virorum illustrium seu historiae sacrae libri x. Lipsiae. 1564. welche mit Cornel wechselten. In dieser Classe, welche von vier Lehrern, dem Conrector bis Coll. V., unterrichtet wurde, fing man auch an, lateinisch zu sprechen; bei der Lecture wurde das Hauptgewicht auf die Einübung von Phrasen gelegt, welche in der Schule dictiert und zu Haus auswendig gelernt wurden.

Die grösste Mannigfaltigkeit zeigt der Lectionsplan des auditorium superius seu classis prima (bei Nehrkorn Prima und Secunda, jetzt Prima bis Tertia), obgleich sie nicht mehr öffentliche Stunden hatte, als die Nenclasse. Das Latein ist mit 9 Stunden vertreten, eine Zahl, die auf den ersten Blick gering scheinen könnte, es aber im Verhältnis zu den übrigen Fächern nicht ist; und ausserdem darf man nicht vergessen, dass mehrere von den andern Lectionen z. B. die Rhetorik, welche nach Voss [14]) vorgetragen wurde, auch nur lateinische waren und in allen Stunden diese Sprache die allein übliche war, denn die fines enthalten ausdrücklich die Bestimmung: Quaecunque a discipulis sunt proferenda, latina lingua proferantur, ut prompte loqui discant et ad disputandum aptiores evadant. Von den 9 Stunden aber wurde 1 auf Syntax, 2 auf die Emendation der exercitia germanico-latina et vice versa, welche zu Haus ausgearbeitet wurden, 2 auf

---

[11]) Dieterici institutiones catechetirae e Lutheri catechesi depromptae et variis notis illustratae. Lips. 1617. Ueber dieselben vgl. Ehrenleuchter, zur Geschichte des Katechismus S. 33.

[12]) Der vollständige Titel dieser Grammatik lautet Hypomnemata et alia quaedam ad Grammaticam Ph. Melanchthonis Serenissimi Saxoniae electoris iussu revisam pertinentia pro usu adultiorum et docentium seorsim edita ab Kr. Schmidio. Viteb. 1621. Sie war nach Palm, narratio etc. S. 21 auf Befehl Johann Georg I. verfasst und eine Ueberarbeitung der Melanchthonschen, welche dieser Kurfürst in seinen Landen (und dazu gehörte seit 1635 auch die Lausitz) nicht untergehen lassen wollte.

[14]) Gerardi Jo. Vossii rhetorices contractae sive partitionum oratoriarum libri V. Jenae 1654.

Cicero (Reden, Episteln oder Officien) oder Muret oder Plinius (Panegyr. und epist.), 2 auf Iustin (Sallust, Caesar, Curtius und Florus), 1 auf Horatius und 1 auf Prudentius (oder Virgil. Georg. und Aen., Ovid. Trist., Lucan, Claudian) verwandt; und wie aus den fines lectionum zur Genüge hervorgeht, ging man bei dem Lesen der Reden hauptsächlich darauf aus, die rhetorische Kunst (rhetoricum inventionis, dispositionis atque elocutionis artificium) zur Anschauung zu bringen, bei den Dichtern die Tropen und Figuren ein-zuüben, bei allen Schriftstellern aber die phrases sententiaeque insigniores zu excerpieren und auf die elegantiae latinae aufmerksam zu machen: man verfolgte also, um es kurz zu sagen, noch immer einen rein praktischen Zweck, wie man denn auch die Stunden für Horaz und Prudentius benutzte, die Metra gleich praktisch einzuüben. Dabei wurde übrigens auch einige Rücksicht auf die metra germanica genommen. Nur bei den Histo-rikern ging man insofern etwas auf die Sache ein, als man ,,si qua philologica antiqui-tatesque scitu necessariae occurrebant," dieselben ,,brevissime" erklärte. Dagegen benutzte man sie auch, um axiomata generalia ethica et politica aus ihnen abzuleiten und zu no-tieren. Diese wurden dann in der Stunde, wo man die Ethica Itteri und Politica Balthas. Cellarii erklärte, verwerthet. Ausser diesen Unterrichtsstunden hatte die Prima noch eine Religionsstunde, in welcher man besonders die Dogmatik (theologia thetica) nach der Catechesis Dieterici berücksichtigte und die dicta probantia in der Ursprache anführte und auswendig lernen liess. Daneben wurde nach der morgendlichen Bibellection ge-wöhnlich kurz das Argument des gelesenen Capitels angegeben und ,,philologica potiora in fontibus occurrentia ex capite praelecto" kurz erklärt. Das Hebräische und Syrische war mit einer öffentlichen Stunde bedacht und diese war vorzugsweise für die Gramma-tik (Formenlehre) bestimmt. Zu Grunde gelegt war Schikardi Horologium hebraeum. Lip-. siae 1633. Auch Logik wurde in einer Stunde vorgetragen, und ebenso Universalgeschichte (1 St.) nach des berühmten Sleidanus Buch de quatuor monarchiis cum continuatione Strauchii et Schurzfleischii. Die noch übrigen 5 Stunden kommen auf das Griechische. Von diesen verwandte man 1 auf Formenlehre (declinationes und conjugationes contractae, verba in μι, anomala), 1 auf Erklärung der Sonntagsepistel und 3 auf die Lectüre von Hesiod (oder Theognis, Phocylides und Pindar) und von Isocrat. ad Demonicum et Nico-clem (oder Plutarch de educ. puer.). Doch zog man den Classikern Nili episcopi parae-neses seu praelectiones sententiosae, Gregorii Nazianzeni poemata und des Posselius Re-gulae vitae vor. Die syntaktischen Regeln wurden nach des Posselius Syntax [15]. wo die von Weller nicht ausreichte. gelegentlich bei der Lectüre eingeübt und eben da auch Scripta im Anschluss an das Gelesene dictiert und corrigiert. Der gesammte Unterricht wurde von 4 Lehrern ertheilt.

So viel von den öffentlichen Lectionen. Den privatis und Collegien waren nach den fines folgende Gegenstände reserviert:

1. Die Disputationen über potissimae controversiae ex orthodoxis theologis;

2. die rudimenta homileticae artis für die ,,veterani ad academiae studia se praeparantes";

3. Metaphysica et Physica ex Compendio philosophico Loeberi vel aliis;
4. Arithmetica ad praxin modernam accommodata;
5. die Anfangsgründe der Astronomie, Geographie und Geometrie;
6. die Poetica Hebraica.

Diese letzteren Angaben zeigen zwar schon ein Eindringen des Realismus, der noch dazu durch einige Fächer vertreten war, die sicherlich nicht auf das Gymnasium gehörten und gehören, im ganzen aber sehen wir in dem Gymnasium unter Rosenberg, wie ich schon oben andeutete, noch einmal die alte schola latina, welche die deutsche Sprache nicht kannte oder nicht kennen wollte, mit all ihren Vorzügen und Mängeln vor uns. Auch die Methode des Unterrichts in den alten Sprachen ist fast ganz dieselbe geblieben, es herrscht immer noch die alte Einseitigkeit und die ziemlich mechanische Anleitung (ich möchte es fast Dressur nennen) zur Imitation vor; zu der Erkenntnis, dass aller Sprachunterricht eine geistige Gymnastik sein müsse, bestimmt, den Schüler an selbständiges, logisch-richtiges Denken zu gewöhnen, war man noch nicht vorgedrungen. Was das Einzelne anlangt, so ist es gewiss als ein Fortschritt zu betrachten, dass neben andern Fächern, welche nicht gerade nöthig gewesen wären, die Geschichte als Lehrgegenstand erscheint, die bekanntlich schon Luther in den Schulen gelehrt wissen wollte; doch kann man sich der Wahrnehmung nicht verschliessen, dass dieser Fortschritt durch den Rückschritt im Griechischen erreicht war. Das Studium dieser Sprache war, wie schon die verminderte Stundenzahl zeigt, entschieden etwas zurückgegangen; es scheint fast, als sei der Hauptzweck dabei nur gewesen, das Lesen des neuen Testaments im Urtext zu ermöglichen, und es macht einen fast komischen Eindruck, unter den classischen Schriftstellern den unsterblichen Pindar aufgeführt zu sehen. Wie man es angefangen habe, diesen in einer Classe zu lesen, deren Schüler sich zum Theil noch mit der Erlernung der Formenlehre abmühten, kann ich nicht recht begreifen.

Zu meinem Bedauern gestatten mir die dem Programm an hiesiger Schule gesteckten Grenzen nicht, die Entwickelung der Lehrverfassung bis zu dem im Vorwort angegebenen Zeitpunkt darzulegen. Es bleibt mir sonach nichts übrig, als die weitere Mittheilung des gesammelten Materials, wenn ich überhaupt noch ein Interesse dafür voraussetzen darf, auf eine spätere Zeit zu verschieben.

Nachträge und Berichtigungen.

S. 3, Anm. 2, ist in dem Titel der Klienschen Rede zu lesen: auf welchem st. auf welchen

S. 8 ist in dem Verzeichnis der Rectoren st. Vechner zu schreiben: Fechner, welches die häufigere Schreibweise ist, und darnach derselbe Name S. 13, Z. 11 v. o. und S. 14, Z. 19 v. o. zu berichtigen; ferner ist bei Joh. Theil (oder, wie er noch häufiger geschrieben wird, Theill) vor der Jahreszahl 1641 einzufügen: 29 Nov. (vgl. den Labor Scholastico-Theilliano-Exanistus von M. Heinr. Bas. Zeidlern, evang. Mittagsprediger in Budissin. Dresden 1080. S. 47); endlich ist bei Fr. W. Hoffmann st. des 13 der 29 Mai zu setzen.

Beilage 1 zu S. 13.

Disciplina Gymnasii novi Budissinensis, vel statuta, sive leges scholasticae, quolibet semestri post habitum examen recitandae.

Leges generales.

Lex III.
De officiis ac moribus in schola.

1. Severe mandamus, ut omnes disciplinae nostrae alumni imprimis studeant pietati; amplectantur veram de DEO eiusque essentia ac voluntate doctrinam: diligenter frequentent scholam, ac consueto tempore, post campanulae pulsum adsint, aestate quidem mane hora sexta: hyeme septima, a prandio vero in puncto horae duodecimae. Si qui sine gravi ac iusta causa abfuerint, non impetrata venia, poenam dabunt, notati a praefectis.
2. Ut ingressi in scholam statim quisque suum occupent locum, sine strepitu, decursu ac tumultu, nec poma nec pyra aliosve crudos fructus important.
3. Ut precationibus dictis attente lectiones suas audiant discant et ediscant, atramentum, pennas, papyrum et libros annotationcularum semper ad manum habeant, ac pronunciare aliquid iussi, clare, distincte et expedite pronuncient. Praeceptoribus obordiant, eorum castigationes aequo animo ferant, ipsis non refragentur aut occinant, sed non secus ac parentes honore afficiant, colant, ament.
4. Ut compositi cum omni reverentia sedeant, murmura confabulationes et contentiones vitent, praeceptores non irritent, condiscipulos non interturbent, neque inter praelegendum ac repetendum comedant aliudve agant.
5. Ut absente praeceptore vel evocato ab aliquo, silentium continuent, non surgant de loco, nec strepitum excitent, sed ita agant omnia, ac si coram adesset.
6. Si quando inspectores scholae et Ecclesiae ministri, vel alii etiam honesti ac docti viri ludum ingrediuntur, ut statim in honorem eorum surgant et capita aperiant, vultu, oculis, gestu modestiam declarantes.
7. Ne sine venia, quaecunque sit causa, absint a schola, aut exeant: utque illi qui necessariis de causis peregre profecturi aut alias dies aliquot abfuturi sunt, copiam abessendi a Rectore ipsi impetrent: ac tum etiam cum schola haberi non solet, ut in Eucaeniis, ubi per dies quatuor, in nundinis singulis et Bacchanalibus, ubi per totidem dies sunt vacationes.
8. Cumque sermo trium superiorum classium ubique latinus esse debeat, volumus ut lectionum horis nota vel signum germanici sermonis distribuatur: apud quem vero signum pernoctaverit, is vel poenam dabit, vel memoriter recitabit epistolam aliquam ex Ciceroue, vel sceuam aliquam ex Terentio, aut versus aliquot ex Virgilio aut Hesiodo. Consuetudo enim latine loquendi primum ad hoc conducit, ut per eam paretur facultas expedite et ex tempore loquendi ac scribendi: deinde ut pueri habeant honestam silentii causam, si nondum ita sint exercitati, ut sensa animi tolerabiliter latine proferre possint: denique ne ignari linguae latinae rubore turpiter suffundantur, si quando inter eruditos latine loquendum est.

Lex IV.
De moribus in templo.

Iubemus et praecipimus 1. ut diebus dominicis aliisque festis, hora sexta mane conveniant in schola Primani, Secundani, Tertiani et Quartani, ut ab uno atque altero praeceptorum deducantur in templum, et inde rursum ab universis in scholam ad lectionem Evangelii: a prandio item hora duodecima, iidem ex aedibus aut hospitiis suis redeant in templum, nec ibi, nec alio loco divagantes continuo sua nomina referant apud praefectos, locum suum occupent, nec de eo cum quoquam pugnent.

2. Ut maiores, qui cantorem praecinentem iuvare debent, ordine et verecunde stent ad pulpitum, et praesenti animo canant, minimeque oberrent aut respectent: quod dum faciunt multi, se neque pictate nec gloria Dei, nec oratione quicquam affici declarant. Finito cantu figurali, quisque in suum se locum sine strepitu et tumultu recipiat, fineque concioni imposito statim ad pulpitum redeat, ibi modeste subsistat, donec tempus est exeundi, quod et ipsum sine strepitu fieri volumus.

3. Ut inter sacras conciones confabulationibus, risu, discursu, strepitu, ineptiis, nugis ac somno, adultiores praesertim, abstineant, nec legant aliquid ex libris, quos sacros, non profanos esse convenit, nisi cum organis canitur: sed summo studio ac cupiditate discendi conciones audiant, summam et praecipuos locos communes observent et memoriae mandent, et exigentibus vel praeceptoribus in schola, vel parentibus aut heris suis domi recitent.

4. Ut inter canendum aut recitandum, quoties mentio fit nominis filii Dei, Domini nostri Jesu Christi, modeste et capita aperiant, et poplites inflectant, recordati reverentiam deberi isti nomini, ad quod et Diaboli ipsi contremiscunt.

5. Ne sub concione levi de causa veniam exeundi petant, aut se ex templo subducant, nec extra templum vel ambulent vel ludant aut aliud quippiam scholastico ordine indignum committant.

Postremo quoniam eo in loco lucere debent et ab omnibus palam conspici pietatis Christianae testimonia, praecipimus, ut ad coenam dominicam una cum Praeceptoribus bis terre quotannis accedant, biduo ante doctrina eucharistiae ac paenitentiae, formulisque confessionis ab iis praeparati, ut sciant, quis salutaris istius cibi ac potus sit fructus ac finis.

Lex V.
De officiis ac moribus domi forisque.

1. Volumus ac mandamus, ut cum scholastici nostri ludo egrediuntur, sine tumultu ac clamore id faciant: in publico capita aperiant eorum verbi divini ministris, consulibus, senatoribus, senibus, et aliis viris honestis, matronis ac virginibus forte obviam euntibus.

2. Ut domi incumbant libris, lectiones auditas repetant et ad examen earundem se praeparent, ut rationem reddere possint et poenas effugere.

3. Ut scripta sua et declamationes tam ligatae quam solutae orationis diligenter et emendate et in schola et domi component, et statuto tempore praeceptoribus corrigenda exhibeant: ignaviam et omnem negligentiam fugiant: nec alienis se pennis ornent, sed proprio Marte ingenioque ac studio labores illos perferre assuescant, ne quando alienis quasi oculis videre et alienis pedibus ingredi necesse habeant.

4. Ut domi parentibus ac heris oboediant, eorumque iussa libenter et sine morositate faciant, quemadmodum quartum praeceptum exigit: ante cibi item sumtionem Deum, pro benedictione, invocent et mensa remota eidem pro accepto beneficio gratias agant: vesperi quoque et mane, et se et studia sua ardentibus precibus Deo commendent.

5. Ut habitum ac vestitum scholastico dignum gerant non distinctum coloribus, sic ut thoraci non respondeant brachialia, brachialibus non femoralia, femoralibus non tibialia: nec pallii laciniis in humeros aut brachia reiectis, sutorum sartorumve more in publico incedant: nec comam prolixiorem alant, quam pro more patriae, horride et monstrose intortam. Laudabilia enim maiorum instituta fastidire et consuetudinem patriae peregrino et barbaro violare habitu, hominis est non tam ingrati, quam deplorati, non tam novitatis studiosi quam furiosi. Turnus igitur apud Virgilium (Aen. IX, 614—16) cum molliciem obicit Troianis, a veste coniecturam facit, inquiens:

    Vobis picta croco et fulgenti murice vestis;
    Desidiae cordi; iuvat indulgere choreis;
    Et tunicae manicas, et habent redimicula mitrae.

Et Attius: Discincta vestis, discinctos animus, ne nega. Et Erasmus: Dissecare vestem amentium est: picturatis ac versicoloribus uti vestibus morionum et simiarum.

6. Ut discursationes per plateas, tabernas vinarias et cerevisiarias ac mala consortia fugiant: prava enim sodalitia corrumpunt bonos mores, ut Menander dixit. Neve nuptiis aut choreis sine praeceptorum consensu atque permissu intersint.

7. Ne nisi diebus illis, quibus vacatio et relaxatio a studiis datur, aut aestate interdum post coenam, ludis honestis et civilibus, non lucri sed animi tantum et exercitii gratia institutis, sine rustico et insano clamore se exerceant: utque inter ludendum primani, secundani et tertiani latino sermone utantur.

8. Ne peregrini foris extra sua hospitia, et qui in schola habitant, extra scholam pernoctent, nec noctu per plateas vagentur, molestiam exhibentes civibus, vel clamoribus, vel intempestiva Musica.

9. Ut aestate lotiones frigidarum aquarum, et hyeme glaciem, ob vitae et animae pericula, in universum defugiant[15]).

10. Ne sint blasphemi, aut sacrosancto Dei nomine abutantur: aut per nomen eius, vel vulnera Christi, aliave sacra iurent, aut alios per haec devoveant: nec mentiantur ipsi, nec alios suis mendaciis onerent, sub poena gravissima.

11. Ne commilitones suos vel verbis obscoenis, illiberalibus et invidis vel factis, violentas manus inferendo laedant: iniurias ne ulciscantur ipsi, sed autores earum deferant ad Rectorem, qui diiudicata litis causa reo et convicto dignas poenas statuet et definiet. Quare gladios, pugiones, aut alia arma gestaro nemini plane permittimus.

12. Ne eos, qui pio animo et iussu praeceptorum aliena delicta aperiunt, verborum contumelia vel iniuria afficiant. —

Atque has quidem de moribus ac vita scholastica admonitiones necessarias ac leges, bono consilio conscriptas et ab inclyto Senatu Regiae huius urbis approbatas in conspectu semper esse volumus et observari ab omnibus diligentissime, qui huius scholae membra esse velint; μέμνοιτο γὰρ ἀγαθὸν τὸ πείθεσθαι, ut inquit Xenophon. Speramus autem bonos et frugi discipulos ultro et liberaliter suum officium facturos. Quod si quis forte contumax ac rebellis fuerit, ut se statutis his ac statuendis subicere, eisque parere recusaverit, eum carcere puniemus primum, deinde si bis in eundem lapidem impegerit, e scholastico nostro coetu, sine ullo testimonio, qualia probis adolescentibus dari solent, e ludo nostro, ut membrum pestilens et contagiosum, eiciemus.

Beilage 2 zu S. 18.

Distributio lectionum in Collegas, dies et horas.

Diebus Domin. Hor. matut. Ante sextam quatuor superiores classes conveniunt in schola, et audito campanae pulsu, a duobus praeceptoribus, Conrectore scilicet, et hebdomadario deducuntur in templum, et ab universis Collegis inde rursum, peractis sacris, in scholam: ubi per horulam Evangelium Dominicale versibus heroicis redditum a Posselio examinat Rector in Prima: Evangelium Graecum M. P. Heinricus in Secunda: Evangelium Latinum Th. Faber in Tertia: Catechismum Latinum Lutheri Barth. Haberlandus et Melch. Caulfus, per vices in Quarta. Quo facto, statim post decantatum hymnum et recitatas precationes usitatas, ne catervatim proruant, ac confusio fiat, ordine et per paria dimittuntur.

Horis pomerid. Earundem classium pueri hora duodecima, ex suis aedibus et habitatione revertuntur in templum, ad auscultandam concionem sacram. Qua finita modesto dilabuntur, et recta se conferunt domum, ad repetenda ea, quae postero die a praeceptoribus reposcentur. Praeter praefectos ac decuriones singularum classium, inspectores morum et gestuum imprimis sunt Cantor et duo infimi Collegae.

---

[15]) Dieses nach unsern Begriffen merkwürdige Gesetz findet sich, wie Raumer Gesch. d. Päd. I, S. 221 erwähnt, nicht nur in den Goldberger Schulgesetzen, sondern auch in mehreren anderen, welche aus derselben Zeit stammen.

In prima classe.

A. Horis matutinis.

Ante operarum scholasticarum auspicium, audita hora certa audiae, et septima hybarno tempore, primum omnium legitur Catalogus, et notatur illi, qui nomina tum referant, ut constet, qui vel absint, vel sero venerint. Deinde post publicas hymnorum sacrorum concentus, singulis diebus unae, et a prandio, initium studiorum sit a recitatione unius atque alterius definitionis, seu quaestionis ex scripti Theologicis Philippi Melanthonis, aut Catechismo Luth. in inferioribus praescrim classibus.

Hor.	Diebus Lunae et Martis.	Die Mercurii.	Die Iovis et Veneris.	Die Saturni.
VI.	Praeleguntur Officia aut Orationes Ciceronis, in quibus monstratur artificium dialecticum et rhetoricum, additis necessariis enarratiuncu lis, atque ostensis insignioribus phrasibus in locos communes re digendis. Alternis lectiones et re petitiones. M. Petrus Heiuricus.	Exercitium styli in soluta et ligata oratione graeca, alternatim, ad imitationem phrasium ex oratore et poeta, qui sunt in manibus, excerptarum. Rector.	Rhetorica Philippi, in qua rhetorum praecepta monstrantur: dispositionum typi varii, ex autoribus idoneis in singulis causarum gene ribus proponuntur et optimae quae que cum praeceptionum serie a sin gulis memoriae mandantur. Rhe toricis absolutis, Progymnasmata Aphthonii enarrantur. M. Hein.	Horae matutinae vacant ad caven dum periculum minorum ob im pedita vias fre quentia et strepitu hominum venden tium et ementium. Et quod gaudio rum etiam prae sentia fere domi requiruntur. Inter dum tamen octava et nona tribuun tur declamatio num et disputati onum et exerciti is, theoibus ex lecti onibus quotidia nis desumptis, prae sidente Rectore, ac respondentis munere fungente uno aliquo ex pri mauis.
VII.	Exercetur stylus in materia vel epistolari vel in historica, sic ut germanicum proprie, usitate, sig nificantibus et selectis verbis ac phrasibus latinis exprimatur. M. Heinricus.	Psalterium Buchanani, ubi itidem, ut in aliis poetis, vis verborum et phrasium explicatur, diaposi tio rhetorica traditur, ratioque imitandi monstratur. T. Fab.	Exercitium styli in scribendis ver sibus latinis ad imitationem. Thomas Faber.	
VIII.	Erotemata Dialectices Philippi, ubi praecepta diligenter explicantur, et usus eorum in exemplis mon stratur. Certis absolutis partibus institutionur repetitiones, et prae cipuorum capitum ac definitionum recitationes. Sub finem lectionis causae scholasticae rei cognoscun tur, ut qui vel abfuerint, vel serius iusto venerint, vel alioqui delique rint. poena facto dignis afficiantur. M. Andr. Nebrkorn, Rector.	Examen Theologicum Philippi, cu ius textus ita enarratur, ut nihil afferatur, quod pugnet cum Aegu staus Confessione, Carolo V. Im peratori, anno 30. ab ordinibus Imperii exhibita. eiusque Apolo gia, multo minus cum sacris lite ris et tribus Symbolis, Apostoli co. Niceno, et Athanasiano. Rector.	Autor graecus: ex poetis vel He siodus vel Homerus: ex oratori bus aut Isocrates aut Demosthe nes. Hic primam interpretatio seu versio latina proponitur: deinde adductur, necessaria et brevia scho lia ad explicandas res. Singulorum etiam vocum examen grammati cum inatituitur, derivata ac compo sita diligenter excutiantur, epithe tis et phrasibus elegantioribus no tatis, dialectorumque discrimine monstrato. Alternis lectiones et repetitiones. Sub finem horae ite rum executio disciplinae institui tur, idque singulis diebus Iovis. Rector.	

5 *

B. Horis pomeridianis.

Hor.	Die Lunae et Martis.	Die Mercurii.	Die Iovis et Veneris.	Die Saturni.
XII.	Exercitium aut praecepta Musicae Exercitium Musices, etc. Fabri aut Figuli, ubi technica vocabula enarrantur, et praecep- torum usus in exemplis in ta- bula propositis sic monstratur, ut minorum etiam ratio habeatur. Christoph. Quintera, Cantor.	Cantor.	Exercitium et praecepta Examen accuratum Musices. Cantor. scriptorum. M. Hein.	
I.	Exercitium styli sub forma decla-Instituitur certamen ex graeca mationis, cuius partes non simul (Grammatica Meuchleri aut Cleo- ac semel, sed alia post aliam nardi. proponitur, et postero die, eadem recurrente hora, emendatur. M. Hein.	M. Hein.	a, studi-Arithmetica Gemmae Fri-Examen scriptorum is sunt sii: alternis lectiones et graecorum. vacuae, repetitiones, in quibus ut in-utile est discentes reti- tempi-nere voces docentis, ut Rector. real et in calculo et in pro- a labo-nunciatione numerorum ribus latina sint expeditiores. recre-M. Hein. entur	
II.	Poeta latinus Virgilius aut Hora-Reditur ad explicationem Exami- tius, in quo vis verborum ac nis Philippi Melanthonis. phrasium ostenditur, partesque poëmatis dispositiunculis rheto- ricis illustrantur. Alternis lec- tiones et repetitiones. Rector.	Rector.	pueri. Sphaera Ioannis de sa- cro Busto, praeparatio mediocri Arithmeticae seu auditoribus. Alter- nis lectiones et repe- titiones. Rector.	

Ultimae tam pomeridianae quam matutinae horae lectio sacrarum hymnorum harmoniis et unitata precationis formula pro felici studiorum successu
in tribus superioribus classibus, in quarta vero, quinta et sexta recitatione orationis dominicae clauditur.

In secunda classe.

A. Horis matutinis.

Hor.	Die Lunae et Martis.	Die Mercurii.	Die Iovis et Veneris.	Die Saturni.
VI.	Epistolae Ciceronis ad familiares. Hic grammatica vocum construc- tio monstratur: interpretatio lin- gua vernacula additur: vocum et phrasium in locos communes referendarum breves enarratio- nes et distinctiones traduntur. Alternis lectiones et repetitio- nes. Bartholomaeus Haberland.	Exercitium styli ad imitationem epistolae Ciceronis, anto expo- sitae et repetitae. Haberl.	Ovidius aut Georgica Virgilii, quibus vernacula lingua redditis, grammatica vocum constructio monstratur, ac si quae a propria significatione translata occurrunt, de iis breviter luniores mouen- tur. Alternis lectiones et repe- titiones. T. Fab.	Feriae.
VII.	Grammatica graeca Meceleri, aut Cleonardi, cuius primam quidem institutionem aufferunt ex tertio ordine: sed hic quomodo tem- pus de tempore formetur, et quae varietas sit dialectorum ostenditur. Alternis lectiones et repetitiones. Haberl.	De virtutibus ac vitiis carminis elegiaci ex libro de re poetica Fabricii. M. Hein.	Exercitium styli in ligata oratione. M. Hein.	
VIII.	Exercitium styli ad imitationem Ciceronarum phrasium. Haberl.	Catechismus Lutheri graecus: ex quo prius latine expositio the- mata proponuntur et discentibus inculcantur. Haberl.	Aurea carmina Pythagorae aut Phocylidis aut Theognidis. Hic themata diligenter excutiuntur, ut dialectorum discrimen ostendi- tur. T. Fab.	

B. Horis pomeridianis.

Hor.	Diebus Lunae et Martis.	Die Mercurii.	Die Iovis et Veneris.	Die Saturni.

XII. Exercitium et praecepta Musices. Exercitium ac praecepta Musices. | quae haec classis cum prima | communia habet, ut et tertia | ac quarta.

Cantor. — Cantor. — Exercitium Musices. Cantor.

I. Terentius. Hic de archaismis et Ex Grammatica Philippi latius | Graecismis dinocentes monentur, certamen instituitur. | phrases proponuntur, memoriae | mandantur, uti et selectiores | sententiae. Alternis lectiones | et repetitiones.

T. Fab. — T. Fab.

Ex Grammatica Philippi | iterum certamen insti- | tuitur. T. Fab.

Examen scripto- | rum. | Haberland.

II. Graeca aliqua syntaxis, eaque Graecus autor, ut Lucianus aut | absoluta Prosodia aliqua graeca, Plutarchus, de educatione pue- | in quibus applicatio monstratur rili, ubi et interpretatio latina | exemplorum ad regulam. proponitur, et singularum vocum | examen grammaticam additur. | Alternis lectiones et repetitiones.

M. Hein. — M. Hein.

Graecus autor, Lucianus | aut Plutarchus. | M. Hein.

Feriae.

In tertia classe.

Horis matutinis.

Hor.	Diebus Lunae et Martis.	Die Mercurii.	Die Iovis et Veneris.	Die Saturni.
VI.	Epistolae Ciceronis selectae a Sturmio, ex quibus mandandae memoriae phrases proponuntur. et reposcuntur a singulis. Alternis lectiones et repetitiones. Melchior Caulfus.	Catechismus Lutheri latinus. Caulfus.	Repetitio dictionum dislocatarum in versibus. Caulfus.	
VII.	Paradigmata nuda declinationum et coniugationum graeca, ex Meieleri Grammatica aut Cleonarii T. Faber.	Prosodia latina Philippi Melanth. aut Fabricii. ubi syllabarum ostenduntur longa, brevia, conuunia tempora, numerorum ac pedum genera. versuum ac carminum discrimina, exemplis illorum ante oculos positis. Caulfus.	Syntaxis latina Philippi. in qua praeceptiones et exempla breviter exposita regulis applicantur et memoriae mandantur. Caulf.	Feriae.
VIII.	Exercitium styli ad imitationem epistolae alicuius Ciceronis. iam ante praelectae et cognitae. Caulfus.	Exercitium styli ad imitationem epistolae Ciceronis proxime praelectae. Caulf.	Fabulae Aesopi maiores, quae vernaculo sermone exponantur, et singula varum verbis ad praecepta Grammaticae exigantur. Caulf.	

Horis pomeridianis.

Hor.	Diebus Lunae et Martis.	Die Mercurii.	Die Iovis et Veneris.	Die Saturni.
XII.	Exercitium Musicae. Cantor.	Exercitium Musicae. Cantor.	Exercitium Musicae. Cantor.	Examen scriptorum. Caulf.
I.	Grammatica latina Philippi Melanth. maior, in qua praecepta et exempla breviter exponuntur, et regulis applicantur: historiarum et fabularum, si quae occurrunt, commemorationibus prolixis praetermissis. Haberl.	Nomenclator graecus, ex quo certum vocabulorum numerum memoriter recitant. Haberl.	Nomenclator graecus. Haberl.	
II.	Terentii fabulae. Unde phrases et selectiores sententiae excerptae memoriae mandantur. Alternis lectiones et repetitiones. Haberl.	Bucolica Virg. aut easdem aliquod Ovidii carmen, aut Murmelii versus. Faber.	Bucolica Virgilii, aut Ovidius, aut etiam Murmelii versus. Fab.	Feriae.

In quarta classe.

Horis matutinis.

Hor.	Diebus Lunae et Martis.	Die Mercurii.	Die Iovis et Veneris.	Die Saturni.
VI.	Compendium Grammaticae latinae, cuius praeceptiones bene sunt inculcandae et ad unguem ediscendae. Fab.	Compendium Grammaticae latinae. Fab.	Fabulae Aesopi minores. Haberl.	
VII.	Disticha Catonis, quae sermone exponuntur, repocuntur et examinantur. Caulfus.	Catechismus Luth. germanicus repetitur. Haberl.	Nomenclator in schola Goldicensi usitatus. Haberl.	
VIII.	Epistolae Ciceronis omnium brevissimae, quae a Sturnio sunt collectae, quae itidem patrio sermone exponuntur primum: deinde resolvuntur, ut unumquodque verbum pueri ad sua artis grammaticae loca reducere possint. Cantor.	Epistolae Ciceronis brevissimae. Cantor.	Civilitas morum Erasmi, quae pocitur diligenti Grammatici proponuntur et recces examine instituto. Cantor.	Feriae.
			Camerarii exponitur, et recces exemplo. Cantor.	

Horis pomeridianis.

Hor.				
XII.	Exercitium Musicae. Cantor.	Exercitium Musicae. Cantor.	Exercitium Musicae. Cantor.	
I.	Exercitium styli duorum aut trium membrorum de pluribus lectionum quotidianarum, ut altero die corrigatur. Cantor.	Exercitium styli, ut diximus, duorum aut trium membrorum. Cantor.	Exercitium elegantoter pingendi literarum. Cantor.	Examen scriptorum breviusculorum. Cantor.
			Feriae.	
II.	Syntaxis compendii usitati in hac schola, ubi praecepta et exempla germanice exposita regulis applicantur, et memoriae mandantur. Fab.	Proverbia Salomonis germanicis verbis exponuntur aut Psalmi germanici ad ediscendum proponuntur. Caulfus.	Compendium Nomenclatoris. Cantor.	

In quinta classe.

Horis matutinis.

Hor.	Diebus Lunae et Martis.	Die Mercurii.	Die Iovis et Veneris.	Die Saturni.
VI.	Recitant lectionem, sive ex Donato sive ex Compendio. Joachimus Rahenius, infimus Collega.	Recitant memoriter Catechismum Lutheri germanicum, cum expositione. M.Hein.	Recitant Catechismum Lutheri. Infimus.	
VII.	Repetunt lectionem.	Repetunt lectionem.	Intim. Repetunt lectionem.	
VIII.	Recitant paradigmata declinat. ex Donato memoriter: item que lectionem. Faber.	Recitant paradigmata et lec- tionem. Faber.	Recitant paradigmata et lec- tionem. Haberl.	Feriae.

Horis pomeridianis.

XII.	Recitant lectionem. Caulf.	Recitant lectionem. M. Hein.	Recitant lectionem. Recitant lectionem Epistolae Haberl. Dominicalis. Fab.	
I.	Exercitium pingendi literas latinas et germanicas. Infinus.	Exercitium pingendi literas. Caulf.	Pingunt literas lati- Recitant dictam aliquod in- nas et germanicas. signe vel ex Evangelio vel Caulf. ex Epistola. Fab.	Feriae.
II.	Recitant lectionem et senten- tiam, quae vel ex Catone vel aliunde horu duodecima fuit proposita. Caulf.	Recitant lectionem et sen- tentiam, quae in ingressu scholae fuit praescripta in tabula. Haberl.	Recitant lectionem et sententiam ui- tae more, ante in tabula propositam. Caulf.	

6

In sexta classe.

Horis matutinis.

Hor.	Die Lunae et Martis.	Die Mercurii.	Die Iovis et Veneris.	Die Saturni.
VI.	Alphabetarii repetunt lectionem.	Inculcatur Catechismus Lutheri germanicus sine glossis. Infima.	Repetunt lectionem.	
VII.	Audiuntur, qui agnoscunt literas. Infimae.	Repetunt lectionem.	Catechismus Lutheri inculcatur viva voce praeceptoris. Infimae.	Feriae.
VIII.	Audiuntur, qui colligunt syllabas et legere incipiunt. Infima.	Audiuntur omnes, sive cognoscant literas sive colligant ac legant. Infima.	Audiuntur, colligunt syllabas. Infima.	

Horis pomeridianis.

Hor.	Die Lunae et Martis.	Die Mercurii.	Die Iovis et Veneris.	Die Saturni.
XII.	Audiuntur, qui cognoscunt literas. Infima.	Audiuntur, qui cognoscunt literas.	Audiuntur, qui cognoscunt literas. Infima.	
I.	Pingunt literas Alphabeti. Infima.	Pingunt literas Alphabeti. Infima.	Pingunt literas Alphabeti. Infimae.	
II.	Audiuntur, qui colligunt syllabas et legere incipiunt. Propomuntur item singulis diebus aub egressum e schola bina vocabula rhythmica, quae altero die mane reposcuntur. Infima.	Audiuntur, qui colligunt syllabas. Infima.	Feriae. Audiuntur, qui colligunt syllabas. Infimus.	Recinunt dictum ex Evangelio germanico in tabula praescriptum. Infimus.

Jahresbericht
über das Schuljahr 1862—1863.
I. Chronik.

Mit innigem Dank gegen Gott blicken wir auf das verflossene Schuljahr zurück, der Lehrern und Schülern Kraft gegeben hat, ungestört ihres Berufes zu warten. Zwar schied aus dem Collegium zu unserm Bedauern beim Schluss des Sommerhalbjahres, am 4. October v. J., der neunte Lehrer, Herr K. Herrmann Trautzsch, um einem Ruf als Diaconus an die Johanniskirche zu Chemnitz zu folgen, nachdem er vier Jahre das Amt eines Religionslehrers und Ordinarius der sechsten Classe an unserm Gymnasium mit grosser Treue verwaltet und sich in den Herzen seiner Collegen und Schüler ein bleibendes Andenken gesichert hatte. In dem geordneten Unterrichtsgang trat indes durch seinen Weggang keine Störung ein, indem bereits unter dem 2. October v. J. der Candidat des Predigtamts, Dr. Johann Friedrich Wild*), bis dahin Lehrer am Teichmannschen Institut in Leipzig, an seine Stelle berufen worden war. Derselbe wurde am 12. desselben Monats von der Gymnasial-Commission im Auftrag des h. Ministeriums des Cultus und öffentlichen Unterrichts in Pflicht genommen und am Tage darauf beim Beginn des Wintercursus im Namen der Gymnasial-Commission von dem Rector in Gegenwart des Herrn Pastor prim. Dr. Rüling, des Lehrercollegiums und des Schülercötus in sein Amt eingewiesen und ihm zugleich das Bestätigungsdecret eingehändigt. Der wendische Unterricht wurde durch h. Verordnung vom 22. April v. J. Herrn Diac. M r o s übertragen. — Ferner wurde uns der Candidat des höhern Schulamts, Dr. Georg William W e i c k e r durch h. Verordnung vom 12. April v. J. zur Abhaltung seines Probejahrs zugewiesen und ihm ein Theil des sprachlichen Unterrichts in den Progymnasialclassen übertragen. Dadurch ist es nicht nur möglich geworden, diese zahlreich besuchten Classen im Sprachunterricht wenigstens theilweis in 3 Abtheilungen zu trennen, sondern auch den Religionslehrer, der bis jetzt zugleich Classenlehrer der Sexta war, von einigen Stunden in dieser Classe zu dispensieren und seit Michael die Combination der dritten und vierten Classe im Religionsunterricht aufzuheben. Dagegen konnte der Sprachunterricht in Sexta noch immer nicht in einer Hand vereinigt werden. Es hat daher das h. Ministerium beschlossen, Ostern d. J. einen zehnten Lehrer anzustellen und ihm das Ordinariat von Sexta zu übertragen. So steht die Erfüllung eines der Wünsche, welche wir schon lange für das Gedeihen unserer Anstalt gehegt haben, in sicherer Aussicht. Möchten wir dasselbe bald auch von einem zweiten, noch dringenderen sagen können; denn unser dringendstes Bedürfnis ist die Gewinnung eines geräumigeren und zweckmässigeren Schulhauses, da unsere Localitäten selbst den bescheidensten Ansprüchen in keiner Weise genügen.

---

*) Johann Friedrich Wild, am 11. October 1837 zu Plauen i. V. geboren, erhielt von Ostern 1848 bis 1856 in seiner Vaterstadt seinen Gymnasialunterricht und studierte von Ostern 1856 bis Michaelis 1859 zu Leipzig Theologie. Nach bestandenem Candidatenexamen bezog er noch auf ein Jahr von Michaelis 1859 bis Michaelis 1860 die Universität Göttingen, erwarb sich nach Ablauf dieser Zeit zu Leipzig die philosophische Doctorwürde und begann kurz darauf seine Lehrerthätigkeit an der Armenschule zu Leipzig. Zu Michaelis 1861 unterzog er sich zu Dresden dem Examen pro candidatura reverendi ministerii und war seit Ostern 1862 am Teichmannschen Institute zu Leipzig angestellt.

Bald nach dem Anfang des neuen Cursus, am 19. Mai v. J. veranstaltete das Collegium eine einfache Feier des hundertjährigen Geburtstags des zu Rammenau in der Lausitz geborenen Philosophen Johann Gottlieb F i c h t e, welche auf den Wunsch des Stadtraths im Saale der Bürgerschule Statt fand. Sie begann mit einem Gesang des Chors, worauf der Rector in der Festrede das Leben, den Bildungsgang und Charakter des Gefeierten schilderte und den Wunsch und die Hoffnung aussprach, dass die Jugend durch das Vorbild dieses echt deutschen, freien und starken Mannes ermuntert werden möge, unermüdet nach Erkenntnis der Wahrheit zu streben und die erkannte muthig und unerschrocken im Leben zu vertreten.

Am 29. Juni v. J. geleiteten Lehrer und Schüler den ältesten Lehrer unserer Schule, den am 26. Juni gestorbenen emeritierten Conrector M ü l l e r zu seiner Ruhestätte. An seinem Grabe gab im Namen des Collegiums sein ältester College, der auch sein Schüler gewesen war, Herr Conrector Prof. Dr. Jähne, den Gefühlen der Dankbarkeit, Liebe und Freundschaft Worte und theilte über das Leben, die Wirksamkeit und den Charakter des entschlafenen Freundes folgendes mit: „Johann Friedrich Ferdinand M ü l l e r, geb. 1790 zu Querfurt in Thüringen, erhielt seine wissenschaftliche Bildung in Merseburg und Leipzig. Nachdem er von 1815 bis 1818 als Tertius und von 1818 bis 1820 als Conrector am Lyceum zu Schneeberg gearbeitet hatte, erging im Jahre 1820 der Ruf an ihn, hierher nach Bautzen zu kommen, um das Subrectorat zu übernehmen, mit dem das Ordinariat der dritten Classe (damals Unterprima) verbunden war, das er auch nach seiner Ernennung zum Conrector im J. 1841 beibehielt und bis zu seiner am 30. Sept. 1861 erfolgten Emeritierung mit grosser Treue und vielem Segen verwaltet hat. — Abgesehen von den alten Sprachen hat M ü l l e r bis 1835 den Unterricht in der Mathematik in den 4 Hauptclassen, in der Logik und Rhetorik in Prima, später in der Geschichte in Quarta und Tertia, zuletzt noch mehrere Jahre hindurch im Progymnasium den Unterricht in der Geographie besorgt. Wer es begreift oder auch nur ahnet, was es heisst, selbst nur kurze Zeit in gewissenhafter Ausdauer und steter Liebe für das Heil und die Wohlfahrt aller seiner Zöglinge zu wirken, der wird die Arbeit eines Mannes in würdigen verstehen, der zuletzt sogar Senior des ganzen sächsischen Gymnasiallehrerstandes geworden war. — Um Alles kurz zusammenzufassen, Müller war ein durch und durch rechtschaffener Mensch, ein äusserst bescheidener und stets zuvorkommender Amtsgenosse und, was die Hauptsache ist, ein guter Christ, der das Wasser von Siloah geschmeckt hatte."

Am 3. October wurden die Abiturienten Jurack und Lehmann, welche am 19. September ihre Prüfung bestanden hatten, von dem Rector in Gegenwart des Collegiums und des Cötus feierlich entlassen und dem ersten zugleich die ihm zuerkannte Rathsprämie eingehändigt. Der letztere ist zu unserm innigen Bedauern kurz nach dem Antritt seines akademischen Studiums in Leipzig, am 26. Januar d. J. der Krankheit erlegen, welche ihn schon hier im letzten Jahre in seinen wissenschaftlichen Bestrebungen gelähmt hatte.

Am 12. December fand zur Feier des Geburtstages Sr. Majestät des Königs ein feierlicher Redeactus Statt, zu dessen Abhaltung uns auch in diesem Jahre von dem Stadtrath der Saal der Bürgerschule überlassen worden war, wofür wir dem geehrten Patron unserer Schule auch hier unsern Dank aussprechen. In der Festrede sprach Mathematicus K o c h, „durch die vielfachen Bewegungen der Gegenwart im Staatsleben gewissermassen dazu aufgefordert, über die Gesinnungen, die den wissenschaftlich Gebildeten zur Erfüllung seines Berufes im Staate leiten sollen", und hob unter diesen besonders die Achtung vor dem bervor, was im Staate durch Ordnung und Gesetz besteht. Hierauf folgten nach einem Gesange die Vorträge der Schüler: der Primaner R. D r e s s l e r behandelte in lateinischer Sprache die Worte Ciceros: l e g i idcirco servimus, ut liberi esse possimus; der Primaner Bruno Bräuer entwickelte in deutscher Sprache mit Zugrundelegung einer Stelle aus Schiller d i e K e n n z e i c h e n e i n e r H e r r s c h e r s e e l e. Ein vom Rector gesprochenes Gebet und ein Gesang der Versammlung beschloss die Feier. Am Abend wurde für die Schüler der obern Classen ein Ball veranstaltet.

Die gemeinschaftliche Abendmahlsfeier der Lehrer und Schüler fand am 9. Mai und am 22. October Statt. Die Vorbereitungsrede hielt am Tage vorher das erste Mal Herr Religionslehrer T r a u t z s c h, das zweite Mal der Rector, derselbe die Betstunde am Communiontage. — Die vom Religionslehrer vorbereiteten 18 Confirmanden wurden am 14. März vom Herrn Pastor primarius Dr. Rüling in Gegenwart des Lehrercollegiums und ihrer Eltern geprüft und von demselben der Act der Confirmation am Sonntage Laetare in der Petrikirche feierlich vollzogen.

Der Schluss des Cursus ist auf den 30. März festgesetzt, an welchem Tage die Schüler ihre Censuren erhalten werden, um sie während der Ferien ihren Eltern vorlegen zu können; der Anfang des neuen Cursus auf den 13. April, an welchem die Prüfung und Aufnahme neuer Schüler Statt finden soll. Anmeldungen erbittet sich der unterzeichnete Rector vor dem Osterfeste. Die Aufzunehmenden haben ein Schulzeugnis, einen Tauf- und Impfschein, Auswärtige auch einen Heimathsschein, Confirmierte einen Confirmationsschein beizubringen und sich am Tage vor der Prüfung dem Rector persönlich vorzustellen. In die letzte Progymnasialclasse (Sexta) können Knaben, wenn sie die nöthigen Kenntnisse haben, im 10. Lebensjahre aufgenommen werden, und ist den Eltern, welche ihre Söhne in diese Classe aufgenommen zu sehen wünschen, dringend zu rathen, dass sie dieselben s p ä t e s t e n s im zwölften Lebensjahre der Anstalt zuführen. Auswärtigen wird der unterzeichnete Rector auf schriftliche oder mündliche Anfragen gern Nachweisungen von Wohnungen geben.

II. Uebersicht des von Ostern 1862 bis Ostern 1863 ertheilten Unterrichts.

A. In den Sprachen und Wissenschaften.

P r i m a. Classenlehrer der Rector.

1) **Religion**, comb. mit Cl. II., wöch. 2 St. Glaubenslehre, Forts. von der Sünde, von der Person Christi und von seinem Amt, im S. Trautzsch; die Lehre des 3. Artikels und die Sacramente, im W. Wild. 1 St. Bibellection, im S. Apostelgeschichte cp. 18—28. Trautzsch: im W. die evangelischen Perikopen. Palm.

2) **Deutsche Sprache**, w. 3 St. Literaturgeschichte von Gottsched bis Gothe und Schiller. Lesen von Schillers Wallenstein. Uebungen im freien Vortrag und Declamiren. Corrector der Aufsätze (6). Rössler.

3) **Latein**, im S. 9 St., im W. 8 St., und zwar im S. 4 St. Cic. disp. Tusc. l. V. Palm. 2 St. Terent. Heautontimor. Jähne; im W. 3 St. Horat. od. I. III. und ausgewählte Satiren und Episteln. Palm. 2 St. Quinctil. l. X. Jähne. 1 St. Extemporalien und Disputirübungen. 2 St. Emendation der lat. freien Arbeiten (10) und Pensa, Uebungen im Declamiren in latein. und griech. Sprache. Palm.

4) **Griechisch**, 6 St. 3 St. Eurip. Medea im S., Soph. Philoctet. im W. Palm. 2 St. Demosth. or. Philipp. III. im S. Schottin. Platon. apol. im W. Jähne. 1 St. Pensa und Extemp. (16). Palm.

5) **Hebräisch**, w. 2 St. Ausgewählte Psalmen (26). Jähne.

6) **Französisch**, w. 2 St. 1 St. Curier, Eloges historiques, a) d'Horace, Bénédict de Jaussure, b) de Pierre Simon Pallas, c) de René Just Haüy, d) de Mr. le comte de Lacépède, pag. 1—127; 1 St. Syntaxe, Analyse logique et grammaticale und schriftliche Uebungen. Schumann-Leclercq.

7) **Logik**, 1 St. im W. Rössler.

8) **Geschichte**, w. 2 St. Die neue Zeit von der Reformation bis zur französ. Revolution. Repetition der alten Geschichte und der beiden ersten Perioden des Mittelalters. Rössler.

9) **Mathematik**, w. 3 St. Die regelmässigen Vielecke; die Kreisberechnung; die Parabel; der 2. Abschnitt der Stereometrie. Die arithmetischen Reihen des 2. Grades; die kubischen Gleichungen. Aufgaben über früher vorgetragene Abschnitte der Arithmetik und Geometrie. Koch.

10) **Physik**, w. 2 St. Lehre vom Schall; Theorie der Fernrohre; dreifache Bestimmung der himmlischen Oerter; Beschreibung einzelner Sternbilder; Mechanik der festen Körper. Kloss.

Die Primaner lasen privatim Homers Ilias, Cicero de amic., Tuscul. disp. L. I., mehrere Reden, Sallust, Abschnitte aus Livius unter Aufsicht des Rectors.

S e c u n d a. Classenlehrer Prof. Dr. J ä h n e.

1) **Religion**, w 3 St. comb. mit Prima.

2) **Deutsch**, w. 3 St. Von der Schönheit des Stils, Poetik, Heuristik. Lesen von Schillers Wallenstein. Uebungen im Declamiren. Corrector der Aufsätze (8). Rössler.

3) **Lateinisch**, w 9 St. 4 St. Cic. de imp. Cn. Pomp. im S. und Sallust. de b. Jugurth. lib. im W. Jähne. 2 St. Virg. Aen. I. II. Schubart. 1 St. Repet. der Syntax n. Middend. und Grüt. §. 428 — 558. 2 St. Emendat. der Scripta (14), Aufsätze (6), Extemporall. (2) und metr. Uebungg. (8). Jähne.

4) **Griechisch**, w. 6 St. 3 St. Herodot. historr. 1. VII. (1—18. 44—53. 101—108. 196—339) im S. und Lyn. orr. contr. Eratosth. et c. Agorat. im W. Jähne. 2 St. Hom. Il. I. III. VII. IX. X. Palm. 1 St. Syntax n. Curt. §. 361—558 und Scripta nebst Extemporall. (12). Jähne.

5) **Hebräisch**, w. 2 St. Formenlehre mit Uebungg. in Gesen. Lesebuche 8. 47—61. Jähne.

6) **Französisch**, wöch. 2 St. 1 St. Alph. de Lamartine, Mort de Louis XVI, pag. 20—107 Ende. 1 St. Grammatik nach Borel, von §. 75 bis §. 94, schriftliche Uebungen. Schumann-Leclercq.

7) **Geschichte**, w. 2 St. Das Mittelalter von 1273—1492. 476—1096. Repetition der griechischen und römischen Geschichte nach Schäfers Tab. Rössler.

8) **Mathematik**, w. 4 St. Der erste Abschnitt der Stereometrie; der arithmetische pythagorische Lehrsatz; die Ausmessung geradliniger Figuren. — Die Lehre von den Potenzen mit positiven und negativen ganzen Exponenten. Einige Sätze aus der Lehre von den Wurzeln. Die einfachen Gleichungen mit mehreren Unbekannten; die quadratischen Gleichungen; die arithmetische Progression. Koch.

9) **Physik**, w. 2 St. Die mechanischen Eigenschaften der Körper; Lehre vom Schall; Magnetismus und Electricität, nach dem Lehrbuch von Greiss. Kloss.

Privatim lasen die Secundaner Cic. or. pro Rosc. Amerino im S., Sall. Catil. im W. unter Aufsicht des Classenlehrers; Hom. Il. IV. V. VI. VIII. XI—XIV. (einige auch mehr) unter Controle des Rectors.

Tertia. Classenlehrer Gymnasiallehrer Dr. Schubart.

1) **Religion**, w. 3 St. comb. mit Quarta, und zwar im S. 2 St. bibl. Geschichte d. A. B.; über die hebräische Poesie; die Geschichte des Volkes Israel von Theilung des Reiches bis zum babylonischen Exil. 1 St. die Gleichnisse Jesu. Trautzsch. Im W. 2 St. heilige Geschichte d. A. B. vom Exil bis Christus. Die Jugendgeschichte Jesu und Johannis des Täufers; die Wirksamkeit Johannis des Täufers und sein Tod, die Anfänge der Wirksamkeit Jesu bes. nach Joh. 1—4. Wild.

2) **Deutsch**, w. 2 St. Lesestücke aus Viehoffs Lesebuche 2. Th. in Hinsicht auf Periodenbau, Gedankengang und Disposition. Correctur der Aufsätze (9) und Uebungen im Declamieren. Kloss.

3) **Lateinisch**, w. 10 St., und zwar 3 St. Cic. invect. in Catil. I. II. im S. Caes. bell. civ. I. II, 1— 16. 22. im W.; 2 St. Ovid. Met. XIII. 705—968. II. 1—37. III, 1—137. 511—733. IV, 1—166. 389— 603 (im S. wurden wöch. einige H. Cic., im W. wenigstens 15 Verse memorirt). 2 St. Syntax nach Middendorf und Grüter §. 1—427. 490—507. 2 St. Correctur der wöch. Pensa mit metrischen Uebungen. Schubart. 1 St. Extemporalien. Palm.

4) **Griechisch**, w. 6 St. 2 St. Xenoph. Anab. I. II. III. Schubart. 2 St. Hom. Od. IX. X. XI, 1—163. im S. Jähne, im W. Schottin. 1 St. Syntax (Gebrauch der Modi in Temporal-, Causal-, Concessiv- und Consecutivsätzen. Fragesätze. Die Lehre von den Negationen und Präpositionen; das Wichtigste vom Infin. und Particip). 1 St. Emendation der wöchent. Pensa, welche abwechselnd zu Haus und in der Schule gearbeitet wurden. Schubart.

5) **Französisch**, wöch. 2 St. 1 St. Lectüre aus Lüdeckings franz. Lesebuche, Analyse des Gelesenen. 1 St. Grammatik nach Borel, Zahlwörter, Fürwörter, vom verbe §. 75—90; schriftliche Uebungen. Schumann-Leclercq.

6) **Geschichte**, w. 2 St. Römische Geschichte. Repetition der griechischen. Rössler.

7) **Geographie**, w. 2 St. Africa. Australien und Oceanien (im Sommerhalbjahr); Asien (im Winterhalbjahr). Schottin.

8) **Mathematik**, w. 4 St. Die Sätze über die Congruenz der Dreiecke; die Lehrsätze über die Eigenschaften der Parallelogramme und über die Flächengleichheit der Parallelogramme und Dreiecke; der pythagorische Lehrsatz; die Lehre von der Aehnlichkeit der Dreiecke. Auflösung geometrischer Aufgaben durch Construction. Die Berechnung der Quadratwurzeln; Exempel der umgekehrten Regel de tri; Zinsenberechnung; Gesellschaftsrechnung. Wiederholungsaufgaben. Koch.

9) **Naturkunde**, w. 2 St. Math. Geographie; die Mannigfaltigkeit des Sternenhimmels und Beschreibung unseres Sonnensystems. Kloss.

Privatim las die erste Abtheilung im S. Hom. Od. II. III., im W. XIII—XVI.; die zweite im S. Hom. Od. XVII—XVIII, 250, im W. XXII. XXIII.; die dritte Caes. b. gall. V—VI, 28 im S, I und VI im W. Die Aufsicht führte der Classenlehrer.

Quarta. Classenlehrer Gymnasiallehrer Dr. Schottin.

1) **Religion**, im S. 3 St. comb. mit Tertia; im W. 2 St. parallel mit Tertia. Wild.

2) **Deutsch**, w. 2 St. Satzlehre an Lesestücken aus Viehoffs Lesebuche 2. Th.; Correctur der (monatl.) Aufsätze und Uebungen im Declamieren. Kloss.

3) **Lateinisch**, w. 10 St. 3 St. Caes. b. G. V. VI. VII, 1—10. Schottin. 2 St. Franke, poet. Chrestomathie. Repetition der pros. Regeln. Schubart. 2 St. Syntax und prosodische Uebungen; die Lehre von den Casus; Tempora und Modi; der zusammengesetzte Satz. 2 St. Correctur der wöch. Pensa. Schottin.

4) **Griechisch**, w. 6 St., und zwar 2 St. Halms griech. Lesebuch, p. 70 — 113. Schottin. 2 St. dasselbe, Spruchverse und Fabeln des Babrius. Rössler. 2 St. Formenlehre; Repetition der Declinationen und Conjugationen, Einübung der unregelmässigen Verba. Correctur der wöch. Scripta. Schottin.

4) **Französisch**, w. 3 St. 1 St. Lectüre aus Müllers Lesebuch, grammatikalische Leseübungen, Erzählungen. 1 St. Grammatik nach Hirzel, die Formenlehre bis incl. der Hülfszeitwörter verbunden mit Uebersetzungsaufgaben. Schumann-Leclercq.

6) **Geschichte**, w. 2 St. Röm. Geschichte. Repetition des ersten Cursus von Schafers Tabellen. Rössler.

7) **Geographie**, w. 2 St. Politische Geographie Europas. Die romanischen Staaten (im S.), die germanischen Staaten (im W.). Schottin.

8) **Mathematik**, w. 4 St. Einleitung in die wissenschaftliche Behandlung der Geometrie; die Lehre von den geraden Linien, Winkeln und Parallelen; die Lehrsätze über die Congruenz der Dreiecke. Die Lehre von den Decimalbrüchen; von der Zerlegung der Zahlen in Factoren; von dem gemeinsamen Vielfachen zweier und mehrerer Zahlen und Anwendung auf die Lehre von den Brüchen. Exempel der Regel de tri. Exempel zur Anwendung der Bruchrechnung. Koch.

9) **Naturkunde**, w. 2 St. Geologie im S. und Mineralogie im W. nach Schillings Mineralreich. Kloss.

Quinta. Classenlehrer Cantor Schaarschmidt.

1) **Religion**, w. 3 St. Im S. 2 St. Erklärung des 3., 4., 5., 1. Hauptstückes und Einleitung in den Katechismus, Trautzsch; im W. der 1. Artikel und der 2. zum Theil. Wild. 1 St. im S. 1. und 2. Buch der Könige, Trautzsch; im W. die Jugendgeschichte Jesu und Johannis des Täufers; das Leben Johannis des Täufers; das erste Jahr der Wirksamkeit Jesu bis zu seiner Uebersiedelung nach Kapernaum; das Hauptsächlichste aus der Leidensgeschichte. Wild.

2) **Deutsch**, w. 3 St. Correctur der Aufsätze; Uebungen im Declamieren; Lesen und Erklären einiger Lesestücke und Gedichte. Schaarschmidt.

3) **Lateinisch**, w. 10 St. 3 St. Corn. Nep. Chabrias bis Agesilaus. Schaarschmidt. 2 St. Phaedr. Fab. I. II. III. und 1 St. Extemporalien im Anschluss an das Gelesene. Rössler. 2 St. Grammatik nach Middendorf und Grüter, I. §. 149—193; II. §. 16—65; ausserdem aus der Rectionslehre diejenigen §§., welche bei der Lectüre und den schriftlichen Arbeiten Anwendung fanden. 2 St. Correctur der wöch. Pensa. Schaarschmidt.

4) **Griechisch**, im Sommerhalbjahr w. 6 St., und zwar 2 St. mit Abtheilung A. u. B. Halm, Lesebuch §. 97—186. Abth. A. 4 St. im S. Grammatik, Curtius §. 225—315; schriftliche Uebungen im Uebersetzen aus dem Deutschen ins Griechische. Schaarschmidt; im W. Formenlehre inclus. der Verba auf µι, Correctur der Pensa, ausgewählte Stücke aus Halms Lesebuch. Schaarschmidt. — Abth. B. 4 St. die regelmässige Formenlehre nach Curtius bis §. 300. Correctur der Pensa, Leseübungen in Halms Lesebuch I. Curs. im S. Schubart, im W. Welcker.

5) **Geschichte**, w. 2 St. Abschnitte der mittlern und neuern Geschichte. Memorieren von Schäfers Tabellen, Curs. I. Kloss.

6) **Geographie**, w. 2 St. Specielle Beschreibung der Länder des deutschen Bundes nach Schachts kl. Geographie. Schottin.

7) **Rechnen**, w. 2 St. Der erste Abschnitt der Lehre von den Decimalbrüchen; die Lehre von den gemeinen Brüchen und Uebungsaufgaben zur Anwendung derselben. Koch. 1 St. Geom. Anschauungslehre. Kloss.

8) **Naturkunde**, w. 2 St. Einzelne Abschnitte aus der Botanik; Vögel, Amphibien, Fische; Schleimthiere, nach dem Lehrbuche von Netoliĉka. Kloss.

Sexta. Classenlehrer im S. Gymnasiall. Trautzsch, im W. Gymnasiall. Dr. Wild.

1) **Religion**, w. 4 St., und zwar 1 St. im S. die Eigenschaften Gottes und die Gebote, Trautzsch; im W. der Schluss der Gebote und der 1. Artikel. Wild. 3 St. im S. die Geschichte des jüdischen Volkes von Theilung des Reiches bis Nehemia. Trautzsch; im W. die Jugendgeschichte Johannis und Jesu; das Leben des Täufers; die erste Zeit der Wirksamkeit Jesu; ausgewählte Wunder und Gleichnisse; die Leidensgeschichte. Wild.

2) **Deutsch**, w. 4 St. Lesestücke aus Viehoff I. Correctur der deutschen Arbeiten, Dictierübungen; Declamieren im S. Trautzsch, im W. Wild.

3) **Lateinisch**, w. 11 bis 12 St. Im S. 4 S. Einübung der Formenlehre und Elementarsyntax, nach Midd. und Grüter II. §. 1—23. und §. 63. Uebersetzen aus Jacobs Lesebuch, röm. Geschichte I. §. 1—17. 2 St. Correctur der Pensa der obern Abtheilung. Trautzsch. 4 St. Formenlehre und Uebersetzung aus Ostermanns Uebungsbuch und 2 St. Correctur der Pensa der untern Abtheilung. Weicker. Im W. 6 St. Formenlehre und Elementarsyntax, Uebersetzung aus Ostermanns Uebungsbuch; 2 St. Correctur der lat. Pensa der obern Abtheilung. Weicker. 3 St. Formenlehre, 1. Theil und 2 St. Correctur der Pensa der untern Abtheilung. Wild. Im S. u. W. 2 St. Jacobs Elementarbuch II., Middendorf und Grüter, Lesestücke III. Rössler.

4) **Geschichte**, w. 2 St. Memorieren aus der alten Geschichte. Kloss.

5) **Geographie**, w. 2 St. Geogr. Propädeutik, allgemeine Uebersicht der Erdtheile, nach Schachts kl. Geographie. Beschreibung Sachsens. Palästina. Schottin.

6) **Rechnen**, w. 4 St. 3 St. Die vier Species mit unbenannten und benannten Zahlen und Exempel zur Anwendung derselben. Koch. 1 St. Kopfrechnen. Kloss.

7) **Naturkunde**, w. 2 St. Elemente der Botanik; Anthropologie; Naturgeschichte der Säugethiere, nach dem Lehrbuche von Netoliĉka. Kloss.

Wendischer Unterricht, w. 2 St. Untere Abtheilung. Uebungen im Lesen und Sprechen, sowie im Uebersetzen aus dem Deutschen ins Wendische und umgekehrt. Grammatik I. Hälfte (§. 1—17) 1 St. wöch. Obere Abtheilung. Uebungen, wie bei der untern Abtheilung, nur schwieriger. Grammatik II. Hälfte (§. 18—34); auch Vergleichung des Wendischen mit andern, und zwar nicht nur slavischen Sprachen. Der Secundaner Kalich hielt einen selbstverfassten freien Vortrag in wendischer Sprache. 1 St. w. Diaconus Mros.

— 48 —

B. In den Künsten und Fertigkeiten.

1) **Gesang**, allg. Gesangübungen, w. 4 St. Uebungen mit dem Inquilinerchor, w. 2 St. **Schaarschmidt.**
2) **Zeichnen**, w. 4 St. (facultativ). Die Schüler, welche an diesem Unterricht Theil nahmen, wurden in 2 Abtheilungen, deren jede 2 Stunden wöchentlich hatte, unterrichtet. v. **Gersheim.**
3) **Schreiben**, Cl. V und VL, w. 2 St., im S. **Trautzsch**, im W. **Schaarschmidt.**
4) **Turnen**, w. 11 St. Der ganze Cötus in 5 Abtheilungen; die Vorturner wurden in einer besondern Stunde geübt. **Buhle.**

III. Vermehrung des Lehrapparates.

An Geschenken erhielt die **Schulbibliothek**: von Herrn Hofrath **Stöckhardt** in Jena: Zeitschrift für deutsche Landwirthe Jahrg. 1862 und **Sprosse**, Rom, 32 Originalradirungen *); von Herrn Dr. **Lotze**: Fortsetzung des Centralanzeigers; von der Oberlausitzer Gesellschaft der Wissenschaften: Neues Lausitzisches Magazin 39 Bd. u. 40 Bd. 1. H.; von dem Verleger Hrn. Buchh. **Hirt** in Breslau: **Seidlitz**, Schulgeogr. und **Schilling**, Naturgeschichte. — Angeschafft wurden aus den etatmässigen Mitteln: **Sophoclis** tragoediae ed. Dindorf. — **Aeschyli** trag. ed. Hermann. — **Homerus** ed. Bekker. — **Apoll. Rhodii** Argonautica ed. Merkel. — **Quintus Smyrnaeus** ed. Köchly. — **Nonni** Dionysiaca ed. Köchly. — **Manetho** ed. Köchly. — **Fragmenta historic. graecorum** ed. Müller. — **Diodorus** ed. Dindorf. — **Arriani** Anabasis ed. Geier; **Arriani** scripta minora ed. Hercher. — **Josephi** Opera ed. Bekker. — **Strabo** ed. Meineke. — **Theophrastus** ed. Wimmer. — Dio **Chrysostomus** ed. Dindorf. — **Erotici** graeci ed. Hercher. — **Vergilius** ed. Ribbeck. — **Statius** ed. Queck — **Horatius** Satiren und Episteln von Döderlein. — **Caesar** ed. Nipperdey. — **Nitsch**, Beiträge zur Geschichte der epischen Poesie. — **Overbeck**, Geschichte der griechischen Plastik. — **Rüstow** und **Köchly**, Geschichte des griechischen Kriegswesens. — Der **Nibelunge Not** v. Lachmann. — **Grimm**, deutsches Wörterbuch. — **Wackernagel**, deutsches Kirchenlied. — **Müller**, Geschichten hellenischer Stämme und Städte. — **Klopp**, deutsche Geschichtsbibliothek. — **Perthes**, politische Zustände Deutschlands. I. — **Külp**, Experimentalphysik. — Fortschritte der Physik Bd. 15. 16. — **Kolb**, Atlas des Thierreichs. — Jahrbücher für Philologie Jahrg. 1862. — Zeitschrift für Gymnasialwesen Jahrg. 1862. — Sächsisches Kirchen- und Schulblatt Jahrg. 1862.

Für den geographischen Unterricht: **Adami**, Erdglobus. — **Handtke**, Wandkarte von Palästina.

Die naturhistorische **Sammlung** wurde durch Geschenke der Herren Apotheker **Schimmel**, Steuerconducteur **Ranfft**, Pastor **Eras** und Hauptmann **Bartcky** bereichert.

IV. Statistik.

Die Schule zählte am Schluss des vorigen Jahres   162 Schüler,
von diesen gingen nach dem Osterexamen ab . .   16
Es blieben also   146

*) Herr Hofrath Stöckhardt, Director der landwirthsch. Lehranstalt zu Jena, einst Schüler unserer Anstalt, begleitete dieses Geschenk mit einem Briefe, in dem er seine Dankbarkeit gegen dieselbe aussprach. Ich kann mir nicht versagen, folgende Stelle aus demselben hier mitzutheilen „Diejenigen Gymnasiasten, welche später einmal zur Landwirthschaft übergehen wollen, kann ich, besonders den wohlhabenden, nicht genug empfehlen, das Gymnasium bis zur Prima zu frequentiren und es nur als maturi zu verlassen. Sie kommen noch Zeit genug zur Praxis und erhalten eine Gymnastik des Geistes, welche sie die Gesetze und Erscheinungen des wirthschaftlichen Lebens in weit folgerichtigerem Zusammenhange auffassen lässt, als eine nur realistische Bildung. Es ist eine langjährige Erfahrung, die mich diesen Ausspruch thun lässt. Ebenso wächst das Bedürfniss nach geistig tüchtig geschulten landwirthschaftlichen Lehrern. Sollte irgend einmal ein Zögling Ihres Gymnasiums als maturus zur Landwirthschaft übergehen, so werde ich Ihnen dankbar sein, wenn Sie mich vorher davon durch eine kleine Notiz benachrichtigen, da ich meine Freude darüber dann gern durch eine kleine Gabe ausdrücken würde."

Aufgenommen wurden Ostern 18, Joh. 1, Michaelis und später 16, zusammen 85
Es besuchten also die Schule im Laufe des Schuljahres . . . 181
Von diesen gingen vor dem Schluss desselben wieder ab . . . 23
so dass die Schule zu Ende des Schuljahres 158
Schüler zählt.

Von den 39 Abgegangenen bestanden 8 die Maturitätsprüfung:

Name.	mit dem Zeugnis in Sitten	in Wissenschaften	ging nach	um zu studieren:
a) Zu Ostern 1862:				
1) Johann Hermann Baldeweg aus Budissin, geb. 1841, aufgen. 1855.	I	II·	Leipzig	Theologie.
2) Wilhelm Heinrich Larass aus Göda, geb. 1840, aufgen. 1854.	II	II·	Leipzig	Medicin.
3) Ludwig Alwin Ritscher aus Ossling, geb. 1840, aufgen. 1854.	II	III·	Leipzig	Theologie.
4) Ernst Fürchtegott Gude aus Commerau, geb. 1840, aufgen. 1856.	I·	II·	Leipzig	Theol. und Pädagogik.
5) Friedrich Robert Lehmann aus Wilthen, geb. 1840, aufgen. 1853.	I	III	Leipzig	Theologie.
6) Friedrich Robert Schichhold aus Sacro b. Forste, geb. 1840, aufgen. 1854.	I·	II	Breslau	Theologie.
b) Zu Michaelis 1862:				
7) Eugen Theodor Jurack aus Dresden, geb. 1846, aufgen. 1857.	I·	I·	Leipzig	Jura und Cameralia.
8) Johann Gottlieb Lehmann aus Sohland am Rothstein, geb. 1842, aufgen. 1856.	I·	II·	Leipzig	Theologie.

Ausserdem verliessen die Schule theils Ostern, theils im Laufe des Schuljahres: a) aus Secunda: 1) E. H. Frenzel (wird Buchhändler), 2) F. G. Steiniger aus Langhennersdorf, 3) P. R. Noack aus Kittlitz, 4) R. O. Kotze aus Hoyerswerda (wird Militär), 5) W. O. Bölling aus Niodernette (wird Oeconom); b) aus Tertia: 6) K. H. Krahl aus Ebersbach, 7) K. G. Katzer aus Lauenstein (2. 3. 6. 7. gingen auf die Kreuzschule in Dresden), 8) Fr. G. Lehmann aus Budissin (ging auf die Realschule zu Dresden), 9) E. C. Schumann aus Oberlichtenau (Realschule zu Zittau), 10) A. Kieschnik aus Budissin (ging auf unsern Rath ab und auf das Gymnasium zu Zittau), 11) G. J. v. Uckermann aus Malsitz (wird Forstmann); c) aus Quarta: 12) Georg Baumgarten-Crusius aus Löbau und 13) H. Semig aus Budissin (gingen auf die Militairakademie), 14) K. A. Noack aus Bischheim (Bergakademie), 15) F. E. H. Volandt aus Belgershain (Gymnasium zu Freiberg), 16) Al. J. Riedel aus Forsthaus Weinberg (Realschule zu Dresden), 17) F. Schmautz aus Budissin (wird Oekonom), 18) O. Richter aus Budissin (desgl.); d) aus Quinta: 19) C. A. Pohle aus Budissin (wird Goldarbeiter), 20) E. Weber aus Budissin (ging auf die Landesschule Pforta), 21) A. A. Förster aus Budissin (wird Uhrmacher), 22) C. Felffel aus Weisskulm (ging auf die Realschule zu Görlitz), 23) O. l. Näther aus Leipzig (wird Apotheker), 24) G. Ranfft aus Bischofswerda (wird Kaufmann), 25) G. L. Hörig aus Freiberg (desgl.), 26) G. O. Meckwitz aus Budissin (desgl.); e) aus Sexta: 27) E. H. von Tümpling aus Freiberg (ging auf ein Institut), 28) J. Scholze aus Ostro (kathol. Seminar), 29) H. P. Landgraf aus Pirna (wird Kaufmann), 30) G. A. Gäbler aus Bretnig (desgl.), 31) P. A. Ritscher aus Postwitz (ging auf das Schullehrerseminar).

Verzeichnis der Schüler beim Schluss des Schuljahres 1862—1863.

Die Namen der im Laufe des Schuljahres Aufgenommenen sind mit * bezeichnet.

Prima.

Name	Geburtsort	Stand des Vaters.
H. Schniebs	Nd.-Oderwitz	Med. pract.
F. G. Tranzschel	Budissin	Conditor.
E. A. Liesske	G-Schweidnitz	Gutsbesitzer.
C. H. D. Hräuer	Budissin	Rechtsanwalt.
J. M. Lange	Gnaschwitz	Nahrungsbes.
J. E. T. Herrmann	Auritz	Gutsbesitzer.
H. E. Grundmann	Ohda	Reutlermstr.
H. M. Lehmann	Hoyerswerda	Seifensiederm.
W. Th. Lehmann	Wilthen	Pastor.
F. E. Kupfer	Budissin	Bezirksarzt.
G. E. E. Schumann	desgl.	Genmeter.
F. R. Dressler	desgl.	Gymnasiall. †
K. O. Grohmann	desgl.	Tuchmacherin.
C. G. Bienert	Weissbach	Gutsbesitzer. †
H. H. Graf v.Einsiedel	Dresden	Rittergutsbes.
St. Hoffmann	Budissin	Rector u. Prof.
O. Müssiggang	desgl.	Soldat.
M. H. Made	desgl.	Buchdrucker.

Secunda.

Name	Geburtsort	Stand des Vaters.
E. M. Wehle	Schreckwitz	Gutsbesitzer.
G. E. A. Lehmann	Bischofswerda	Superintend. †
F. H. Schmidt	Budissin	Gerichtsdir. †
E. Köruig	Kunigswartha	Pastor. †
J. H. Urban	Oppitz	Lehrer.
C. F. Hetzer	Budissin	Kathawachtm.
G. O. K. Gelbe	desgl.	Buchbinder.
P. E. Kaden	Kamenz	Kaufmann.
K. A. Kalich	Leutwitz	Nahrungsbes.
O. Lehmann	Nd.-Leutersdf.	Lehrer.
J. R. Voigt	Guda	Diaconus.
M. O. Mrosack	Sarchen bei Hoyerswerda	Kirchschull.
M. Pech	Siebitz	Gutsbesitzer.
H. P. Wetzke	Budissin	Pastor.
* A. E. Kölbing	Herrnhut	Dr. med.
K. A. v. Semmerlatt	Kleinhänchen	Rittergutsbes.

Tertia.

Name	Geburtsort	Stand des Vaters.
H. J. Hübner	Weissbach	Teppichfabr. †
J. T. Ackermann	Weissenberg	Nahrungsbes.
K. G. O. Kanig	Klix	Pastor.
P. R. Lieschke	Luga bei Neschwitz	Kirchschull.
O. K. Walter	Budissin	Tischlermstr.
K. E. Schubert	Zittau	kr.-Stabsarzt.
L. A. Rütscher	Gr.-Postwitz	Kirchschull.
H. A. O. Gutsche	Budissin	Schuhmachrm.
M. Ph. Vulgt	Gröditz	Pastor. †
J. B. Kruschwitz	Lg.-Forstgen	Pastur.
F. E. Jässing	Budissin	Apotheker.
C. A. A. Feige	desgl.	Fleischermstr.
H. C. Hentschel	desgl.	K.-D.-Registr.
C. Th. O. Seidel	Kamenz	Pastor.
K. A. Franke	Budissin	Tischlermstr.
J. Krüger	Purschwitz	Pfarrer. †
* H. Willkomm	Ebersbach	Arzt. †
E. J. Hadank	Gr.-Partwitz	Pastor.
F. R. Junghänel	Weissenberg	Pastor.
E. C. Krüger	Purschwitz	Pastor. †
C. A. Richter	Steinigt-wolmsdorf	Webermeister.
K. A. H. Schaffrath	Budissin	Schuhmachrm.
R. Wünsche	Ebersbach	Thierarzt.
M. Th. Hätze	Haynitz	Nahrungsbes. †
A. C. Menzner	Kreckwitz	Rittergutsbes.
E. W. Mattig	Breitendorf	Muhlenbesitz.

Quarta.

Name	Geburtsort	Stand des Vaters.
C. A. F. Leuner	Kamenz	Seminardirect
K. J. One	Liebschwitz	Med. pract.
A. E. J. Parhe	Sebnitz	Oberlehrer.
G. A. Herrmann	Kunewalde	Mühlenbesitz.
J. R. Flachs	Pirna	Seifensiederm.
U. C. Schaarschmidt	Budissin	Cant. u. Gymal
P. F. Hermann	Weidlitz	Rittergutsb. †
K. J. T. Hennig	Rammenau	Tischlermstr.
M. R. Herzug	Neschwitz	Kirchschull.
M. Mirtschke	Malkel	Muhlenbesitz.
C. H. Hofmann	Zittau	O.-Steuerinsp.
K. A. H. Pfeiffer	Budissin	Drechsler.
H. H. Eras	Schönfeld bei Grossenhain	Pastor.
E. G. Kube	klix	Schmiedemstr.
K. E. Lommatzsch	Budissin	Strumpffabrik.
A. E. Th. G. Heinu	desgl.	Drechsler.
H. G. Richter	desgl.	Advocat.
E. Vogel	klix	Med. pract.
E. O. Hartmann	Loschwitz	Oekonom.
E. W. Richter	Rammenau	Arzt.
H. E. Darschau	Budissin	Strumpffabrik.
K. P. Schreiber	Strehla an der Elbe	Fabrikbesitz.
E. G. Falcke	Budissin	Kassenverwlt.
F. W. Küntzel	desgl.	Fleischermstr.
* C. E. Beck	Pirna	Dr. med.
J. A. Tempel	O.-hannersdf.	Factor.
* P. A. Lippitzsch	Luhachau	Gutsbesitzer.

Quinta.

Name	Geburtsort	Stand des Vaters.
K. G. A. Balzer	Budissin	Nagelschmdm
K. A. Kalauch	Wrigsdorf	Leinweber.
G. A. Leupold	Lohau	Leinweber.
A. H. Hantzsch	Herzdorf a. d. Eigen	Kirchschull.
* Ch. G. Helger	Lohau	Gerber.
* C. E. Gruhmann	desgl.	Pfefferkuchler.
* M. O. Oette	desgl	Arzt.

Name.	Geburtsort.	Stand des Vaters.	Name.	Geburtsort.	Stand des Vaters.
* A. Bräuer.	Prietitz bei Kamenz	Schullehrer. †	A. Schneider	Drehsa	Ribelcolport.
P. G. A. Katzer	Budissin	Kaufmann. †	O. H. Horack	Aurits	Schänkwirth.
M. A. M. Landgraf	Pirna	Chausseeinsp.	H. O. Hadank	Gr.-Partwitz	Pastor.
R. G. G. Becker	Seidau	Cantor.	G. A. Kaiser	Budissin	Bankcontrol.
P. G. Flanderka	Budissin	Kaufmann.	* J. C. Ehrig	deagl.	Landsyndicus.
A. P. Heyse	Zwippendorf	Rittergutsb. †	* K. F. Noack	Pulsnitz	Riemer.
F. Th. Uoltzsch	Baruth	Inspector.	* C. O. A. Martini	Weissenberg	Advocat.
A. Gärtner	Burkau	Pastor.	* E. Th. Mücklich	Otterschütz b. Königsbrück	Steuereonduct.
J. K. A. Jähne	Lauba	Gartennahrgb.	* E. H. Zimmer	Kohlwesa	Oekonom.
J. A. H. Feiffel	Weinkulm	Oberforster.	S. R. K. Kahle	Nichtewitz bei Torgau	Kaufmann.
J. T. Jacob	Budissin	Pastor. †	* A. O. E. Näther	Neuschönefeld bei Leipzig	Apotheker.
H.C.O.Schluckwerder	deagl.	G.-Amtsasses.	* C. O. X. von Lenz	Dresden	Major.
V. J. Riedel	Kloster Marienthal	Gerichtsamtm.	* W. H. H. Klahre	Budissin	Stricker. †
M. H. Leuner	Budissin	Riemer. †	* P. J. Wehner	Lunzeoau	Pastor.
E. M. Leuner	deagl.	Riemer.	* F. J. Mischner	Gr.-Radisch b. Weissenberg	Pastor.
A. V. Th. Götz	deagl.	Hrdr.-O.-Insp.	* L. G. Jonas	Budissin	Restaurateur.
H. P. Thomas	Oppach	Pastor.	* M. G. Berthold	Pohla	Pastor. †
H. T. H. Walter	Budissin	Tischler.	* C. T. Köseberg	Deutschbaselitz	Gutsbesitzer.†
A. K. Peschke	Suhland a. R.	Pastor.	* C.L. O. Mücklich	Otterschütz b. Königsbrück	Steuereonduct.
* C. Mosig v. Achrenfeld	Löbau	Advocat.			
C. H. A. Schubardt	deagl.	Goldarbeiter.	C.L. A. v. Hausen	Dresden	Oberst.
R. K. Peschke	Suhland a. R.	Pastor.	P. E. A. Sandig	deagl.	Proviantverw.
I. E. P. Klepl	Budissin	Buchhalter.	W. L. Heubner	Horna	Ch.-Geld-Einn.
H. P. Gerathewohl	deagl.	Advocat.	O. C. Haubold	Zwickau	Registrator.
K. E. Thunig	deagl.	Nadlermeister.	* E. J. H. von Loben	Budissin	Landsyndicus.
F. R. K. Hentschel	Ulbersdorf	Oekonom.	* E. F. O. Kalkhoff	deagl.	Harbier.
F. W. Hempel	Hretnig	Näckermstr.	* R. P. Pohle	deagl.	Cassirer.
M. R. Lehmann	Hochkirch	Mühlenbesitz.	* P. Haufe	Goda	Dr. med.
* A. N. Bräuer	Radibor	Lehrer.	* G. Haberland	Budissin	Ceremonienm.
Aexta.			* H. H. G. Schneider	Bischofswerda	Spar-K.-Insp.
* C. Th. Junghänel	Weinsenberg	Pastor.	* N. Salovsky	Crostwitz	Dr. med.
E. O. Kadler	Budissin	Kierhofsaben.	* H. O. P. Hartcky	Dresden	Hauptmann.
G. W. Schurig	deagl.	Commiss.-R. †	* H. Roll	Schneeberg	Bezirkswchtm.

Das Praemium Siebelisianum erhielt beim Osterexamen der Primaner E. Th. Jurack, derselbe Michaelis die Rathsprämie (s. oben); die Heringsche Prämie beim Michaelisexamen der Primaner F. G. Tranzschel.

Verzeichnis der Lehrbücher.

Lexica: Lateinisch-deutsches Lexicon von Klotz, Georges (Ingerslev); deutsch-lateinisches Lexicon von Georges (Ingerslev). Gradus ad Parnassum von Lindemann, Koch. Griechisch-deutsches Lexicon von Passow, Jacobitz und Seiler, Pape (Benseler); deutsch-griechisches von Rost, Sengebusch. Hebräisches Lexicon von Leopold. Dictionnaire von Thibaut, Schmidt.

Grammatiken: Lateinische Grammatik von Middendorf und Grüter (I.—IV. 2. Th., IV. V. VI. 1. Th.) Griechische Grammatik von Curtius (I.—V.) Hebräische Grammatik und Lesebuch von Gesenius (Rödiger) (I. II.) Französische Grammatik von Borel (I. II.)

Lehrbücher: Cröger, Katechismus. Kramer, Lehrbuch der Mathematik (I.—IV.) Wittstein, Logarithmen (I. II.) Schäfer, Geschichtstabellen (L—VL) Schmidt, Grundriss der Weltgeschichte 1. Th. (III. IV.) 2. Th. (II.) Historisch-geographischer Atlas von Pütz (1. Abth.) Rhode, Schaarschmidt (III. IV.) Schacht, kleine Schulgeographie (V. VI.)

Atlas von Stieler oder Sydow (Ill. — VI.) Greiss, Lehrbuch der Physik (I. II.) Schilling, das Mineralreich (IV.) Netoliczka; Lehrbuch der Botanik und Zoologie (V. VI.) Lesebücher: Viehoff, deutsches Lesebuch 1. Th. (VI. V.) 2. Th. (IV. III.) Ostermann, Uebungsbuch I. Curs. nebst Vocabularium. (VI.) Jacobs, latein. Elementarbuch I. (V, b.) Franke, Chrestomathie aus römischen Dichtern (IV.) Halm, griechisches Lesebuch (V. IV.) Lüdecking, französisches Lesebuch (III.) Müller, französisches Lesebuch (IV.) Schriftsteller. (1863—1864.) I. Ciceronis or. pro Milone von Halm u. de nat. deor. von Schömann. — Livius. — Catullus u. Propertius ed. Teubner. — Horatius (von Dillenburger od. Schmidt.) Sophoclis Aias von Schneidewin. Euripidis Iphig. Taur. von Köchly. — Demosthenis or. Philipp. von Westermann. — Cuvier, éloges historiques. — II. Ciceronis oratio pro Sulla von Halm. Livius. Virgil. Aen. von Ladewig. Ovid. Fast. ed. Teubner., Homeri Ilias von Faesi (Dindorf, Bäumlein); Lysias ausgewählte Reden von Rauchenstein; Herodot. von Abicht, Stein od. Dietsch. Paganel Frédéric le grand. III. Ciceronis orat. pro Deiotaro et Ligario von Halm. Ciceronis epist. sel. von Süpfle od. Dietsch. Ovid. Metamorph. von Haupt oder Siebelis. Xenoph. Anabasis von Hertlein (Dindorf). Homeri Odyssea von Faesi (Ameis, Dindorf, Bäumlein). IV. Caesaris bell. Gallicum von Kraner. V. Corn. Nep. von Siebelis; Phaedri fabulae von Dressler.

V. Ordnung der Schulfeierlichkeiten.

Oeffentliche Prüfung im Saale des Gymnasiums.

Donnerstag, den 26. März, Vormittags von 8 Uhr an.

Religion. Quinta. Dr. Wild.
Cornel. Nep. Quinta. Cant. Schaarschmidt.
Declamation des Quintaner Arthur Hantzsch.
Griechisch. Quinta. Dr. Schubart.
Declamation des Quintaner Johannes Jacob.

———————

Latein. Sexta, A. Dr. Weicker, Sexta, B. Dr. Wild.
Declamation des Sextaner Curt Junghänel.
Geschichte. Rechnen. Sexta. Dr. Kloss.
Declamation des Sextaner Emil Mücklich.

Nachmittags von 2 Uhr an.

Caesar. Tertia. Dr. Schubart.
Geschichte. Tertia. Dr. Rössler.
Declamation des Tertianer Bernhard Kruschwitz.
Mathematische Geographie. Tertia. Dr. Kloss.
Homer Od. Tertia. Dr. Schottin.

Freitag, den 27. März, Vormittags von 8 Uhr an.

Caesar. Quarta. Dr. Schottin.
Geographie. Quarta. Derselbe.
Griechisch. Quarta. Dr. Rössler.
Declamation des Quartaner Richard Flachs.

Sallustius. Secunda. Prof. Jähne.
Mathematik. Secunda. Mathem. Koch.
Homer. Secunda. Der Rector.

Nachmittags von 2 Uhr an.

Quintilian. Prima. Prof. Jähng.
Französisch. Prima. Schumann-Leclercq.
Sophocles. Prima. Der Rector.

Die Bekanntmachung der Censuren, die Versetzung und die Vertheilung der Bücherprämien findet Montag den 30. März beim Schluss des Cursus Statt.

Dr. Mättigscher Gedächtnisactus

am Sonntage Palmarum, den 29. März, Nachmittags 3 Uhr
im Saale der Bürgerschule.

1. Hymne von L o r e n z, vorgetragen vom Inquilinerchor.
2. Vorträge der Schüler, von denen die drei ersten im Genuss der Mättigschen Stiftung theils gestanden haben, theils noch stehen.
   a) Gedächtnisrede auf den Gründer der Stiftung über das gesegnete Erbe der Väter, von Georg Tranzschel aus Budissin.
   b) Lateinische Rede über die Worte des Horatius: dulce et decorum est pro patria mori, von Bruno Bräuer aus Budissin.
   c) Der Heldentod des P. Decius, lateinisches Gedicht von Hermann Grundmann aus Göda.
   d) Lateinische Rede über die Worte Ciceros: multae res urbanae extiterunt maiores clarioresque bellicis, von Michael Lange aus Gnaschwitz.
   e) Lateinischer Vortrag über eine Stelle aus Horatius A. P. 412 squ.: qui studet optatam etc., von Adolph Liesske aus Gross-Schweidnitz.
3. Motette von R o l l e, vorgetragen vom Inquilinerchor.
4. Rede des R e c t o r s. Entlassung der Abiturienten durch denselben.
5. Psalm 121. comp. v. R o m b e r g, gesungen vom Inquilinerchor.

Zu geneigter Theilnahme an diesen Schulfeierlichkeiten werden die hohen königlichen Behörden, der geehrte Stadtrath als Patron des Gymnasiums, die geehrten Mitglieder der Gymnasial-Commission, sowie alle Gönner und Freunde der Anstalt, insbesondere die Eltern unserer Schüler ergebenst eingeladen.

Gymnasium zu B u d i s s i n, am 18. März 1863.

Dr. **Friedrich Palm.**

JAHRESBERICHT

über das

Gymnasium zu Budissin

auf das Schuljahr 1863—1864.

Womit

zu der am 17. und 18. März zu haltenden

öffentlichen Prüfung aller Classen

und der

am 20. März Statt findenden

Gedächtnisfeier

des

DR. GREGORIUS MÄTTIG

im Namen des Lehrercollegiums

ehrerbietigst und ergebenst einladet

der Rector

Prof. Dr. Friedrich Palm,

Ritter des Kgl. Sächs. Albrechtordens.

Voran steht eine Abhandlung vom Gymnasiallehrer Dr. Schubert:
Zur Geschichte des Gymnasiums in Budissin. II.

BUDISSIN 1864.

Gedruckt bei Ernst Moritz Monse.

VORWORT.

Durch die Freundlichkeit meines Collegen Schaarschmidt, der zu meinem Gunsten auf sein Recht, die wissenschaftliche Abhandlung zu dem diesjährigen Programm zu schreiben, verzichtet hat, ist es mir ermöglicht worden, die im vorjährigen Programm begonnenen Beiträge zur Geschichte des hiesigen Gymnasiums zu vervollständigen und zu vollenden. Ehe ich jedoch in der Geschichte der Lehrverfassung, in der ich im vorigen Jahre abbrechen musste, fortfahre, habe ich einen gerade für diese interessanten Nachtrag zu geben, wozu hier der passendste Ort sein dürfte.

In der Stadtbibliothek zu Zittau befindet sich nämlich folgendes für die Geschichte des hiesigen Gymnasiums wichtige Büchelchen[1]), von dem ich voriges Jahr noch keine Kunde hatte: Oratio de *ΣΥΖΥΓΙΑ* coniunctione necessaria utili et iucunda Ecclesiae scholarum et Reipublicae habita a M. Melchiore Gerlachio Soraviensi scholae novae Budissinensis in superiore Lusatia Rectore, cum ab Amplissimo eius urbis Regiae Senatu introduceretur solenni more. D. XVI. VIIbris Anno Christi 1592. Adiectae sunt leges scholasticae et lectiones ad certos studiorum fines adcommodatae. Budissinae. Excudebat Michael Wolrab. Das Büchlein ist dem Rath zu Budissin gewidmet und enthält nach der Vorrede Gerlachs, dat. v. 15. Oct. 1592, zunächst Syzygiae Encomia ad clarissimum et doctissimum Dn. M. Melchiorem Gerlachium, scholae novae Rectorem von M. Ioh. Naarhamerus, Ecclesiastes Budiss., And. Westphalus, Reipubl. Budiss. Senator et Protonotarius, und den 5 Collegen (Th. Faber, M. Abrah. Schadeus Seuftenbergensis, M. Bartholom. Hettischius Budissinensis, Christophor. Breslerus Budissinensis, Mart. Michael Budissinensis); dann folgt die Rede Gerlachs und hierauf nach einem an die Schüler gerichteten Vorwort der ordo lectionum scholae novae Budissinensis ad certos studiorum fines adcommodatus et secundum classes sex distributus.[2]) An diesen schliesst sich die

---

[1]) Die Zusendung desselben verdanke ich dem Bibliothekar der Zittauer Stadtbibliothek Herrn Dr. Tobias, der auch durch mehrere andere Mittheilungen meine Arbeit gefördert hat.

[2]) Um dem Andenken des berühmten Rectors gerecht zu werden und den Vergleich mit dem älteren Lehrplan Nehrkorns (s. vor. Prog. S. 15 ff.) zu ermöglichen, lasse ich Gerlachs ordo lectionum hier wörtlich folgen:

In infima vel sexta classe. I. Pietas: Diligenter pueri discant capita doctrinae religionis ex Catechesi Lutheri, omissa explicatione. II. Primarum artium elementa: 1 Literas omnes Germanicas et Latinas perfecte cognoscant. 2. Hand inepte easdem pingere discant. 3. Syllabas colligant et efferant. 4. Integras voces syllabis collectis pronuncient. 5. Rhythmica vocabula secundum centurias distributa memoriae mandent.

Praeceptorum in hac classe peculiare officium: 1. Attendant diligenter, ut distincte et articulate syllabas et voces efferant, ideoque linguam et vocem eorum moderentur. 2. Creta literas in tabula pingant, quarum figuras pueri repraesentare discant. 3. In rhythmicis vocabulis delectum adhibeant, prout alias ὀνομαστικά colligi solent.

1

distributio lectionum priorum ad fines studiorum directarum in dies, horas et collegarum singulorum septem operas. Die Aussere Einrichtung derselben und die Stundenzahl ist dieselbe wie bei Nehrkorn; nur des Mittwochs besuchten die drei obern Classen die Kirche und hatten dann auch noch 2 Stunden. Im Einzelnen sind freilich die Lectionen anders gelegt und bei manchen ist die Methode noch schärfer bestimmt, als bei Nehrkorn (vor. Progr. S. 35, 36). Beispielsweise hebe ich einige lateinische Stunden der prima classis aus. Praeleguntur — heisst es bei Gerlach — Officia Ciceronis, in quibus ostenditur:

In quinta classe. I. Pietas. 1. Catechesin Lutheri explicatione addita memoriae mandent et diligenter exerceant. 2. Psalmos Davidis breviores Germanice memoriae mandent. 3. Sententiam Germanicam ex Rosario Trozendorfii Dominicali Evangelio adcommodatam, ex tabula descriptam discant. II. Exercitia lectionis. In libellis Catecheticis Donato et usitato Compendio ut in dies expeditius legere discant. III. Tirocinia grammatica. Paradigmata et coniugationes exemplis pluribus recte adcommodatis teneant. IV. Manus elegans. In scribendo tam Germanice quam Latine plenius exerceantur in sententia praescripta quam hora ultima recitent.

Praeceptorum in hac classe peculiare officium: 1. Delectus in Psalmis et sententiis, ut ad memoriae ipsorum captum adcommodentur. 2. Observatio lectionis articulatae, tardioris et distinctae.

In quarta classe: 1. Pietas. 1. Catechismus Lutheri Germanicus et Latinus. 2. Germanica sententia ex Rosario Trozendorfii sub initium lectionis primae recitanda. 3. Psalmi Davidici breviores. II. Linguae Latinae initia. 1. Compendium huius scholae Etymologicum et Syntacticum. 2. Vocabula simplicia ex Nomenclatore secundum certam distributionem. 3. Praeceptorum Compendii usus in Distichis Catonis, Proverbiis Salomonis, Epistolis Ciceronis brevissimis ad Terentiam uxorem et Tironem scriptis, in fabulis Aesopi minoribus, in libello Erasmi de civilitate morum. 4. Translationis ad usum initia in brevissimis argumentis unius atque alterius periodi ad imitationem phrasium ex epistolis traditarum et perceptarum. III. Musica. Si qui vocem musicis exercitiis aptam habent, in tertium ordinem hora XII. ascendant et reliquis Symphonistis adiungantur. Reliqui in literis eleganter pingendis eadem hora sese exerceant.

In classe tertia: I. Pietas. 1. Catechismus Lutheri Latinus et Germanicus cum explicatione. 2. Evangelium Latinum. 3. Sententiae Latino-Germanicae ex Rosario Trozendorfii sub initium lectionis primae recitandae. 4. Psalmi Germanici Davidis. II. Linguae Latinae cognitio. 1. Praecepta Grammaticae et Syntaxeos Philippi. 2. Usus praeceptorum in Terentii comoediis, epistolis Ciceronis a Sturmio collectis, elegiis Ovidianis, locis communibus Murmelii, maioribus Aesopi fabulis. 3. Libellis peculiaribus discrimina partium orationis et reg. Syntaxeos sub certos titulos relata et iisdem distincta ex auctorum lectionibus exhibeantur. 4. Praeceptorum ad usum translatio in argumentis brevibus ad imitationem phraseon in Terentio et Cicerone datarum. 5. Simplicia vocabula ex Nomenclatore vel phrases Terentianas Pauli Perdicis, Ciceronianas Fabricii, Uhneri vel Apherdiani. III. Graecae linguae tirocinia. 1. Elementorum Graecorum recte scribendorum et pronunciandorum ratio. 2. Declinationes et coniugationes Graecae exemplis adcommodatis. 3. Vocabula quaedam Graeca secundum Centurias Onomastici. IV. Παρασκευὴ puerilis ad poetica exercitia. 1. Usitatae et vulgares regulae Prosodiae. 2. In scansione versuum, in elegiis suis Ovidianis et locis communibus Murmelii sese exerceant. 3. Dictiones in versibus transpositas restituant. 4. Certamina poetica versuum postremas literas cum primis conferendo et commutando instituant. V. Musica. Musicae artis tirocinia ipsis diligenter tradantur. VI. Arithmetica. Mensam Pythagorae vulgo das Einmal Eins memoriae mandent, et numerationem vel etiam additionem et subtractionem discant.

In secunda classe studiorum fines septem: I. Pietas. 1. Catechesis Graeca sine explicatione, Latina et Germanica cum explicatione. 2. Quaestiones breves singulorum doctrinae religionis capitum ex Theologico Philippi Examine. 3. Breves quaestiones ex Evangeliis Dominicalibus. 4. Definitiones Examinis Theologici quotidie ante initium lectionis primae recitandae. 5. In Psalmis poenitentialibus exercitia. II. Linguae Latinae cognitio. 1. Praecepta Grammaticae et Syntaxeos disputatiunculis ordinariis et certaminibus de loco repetantur. 2. Usus rerum in auctoribus: in Cicer. de senectute, de amicitia, in eius epistolis ad familiares, in Vergilio vel Fastis Ovidii, libris Tristium, de Ponto, nec non in comoediis Terentianis. 3. In ephemeridibus exhibeant exercitia phrasium collectarum ex lectionibus, nec non si quae sunt difficiliora in grammatici. 4. Praeceptorum ad usum translatio in epistolis conscribendis et aliis stili exercitiis. 5. Continuus sermonis Latini ad praeceptores et condiscipulos usus. III. Linguae Graecae cognitio: 1. Praecepta Etymologica ex quaestionibus Crusii 2. Eorum

1. Interpretatio proprietati linguae Germanicae conveniens. 2. Dispositio et declarationes vocabulorum necessariae. 3. Phrases digniores in locos communes redigendi ratio, et res ipsae quaestiunculis comprehensae. 4. Dialectica si quae insunt. 5. Rhetorici colores. 6. Ethicae sententiae insigniores. 7. Historica vel personarum breves descriptiones. 8. Imitationis ratio; oder: Horatius in quo 1. argumentum odae, 2. ἀνάλυσις in principalem propositionem et colores eius poeticos, 3. metri genus et scansio, 4. difficiliorum in Etymologia et Syntaxi examen et constructionis ordo exacte notandus, 5. epithetorum et phrasium secundum classes distinctio, 6. ethica cosmographica politica vel historica, quaecunque ex his odae insunt, 7. parodiarum interdum exercitium artificiosum imitationis instituatur. Bemerken will ich noch, dass nur im Lectionsplan der Prima zwei

---

usus in evangeliis Graecis, Plutarcho περὶ τῆς τῶν παίδων ἀγωγῆς, in carminibus aureis Pythagorae, Phocylidis, Theognidis. 3. Epitome syntaxeos Graecae per collationem cum Latina. 4. Vocabula simplicia et phrases in ephemeridibus. 5. Adcommodatio ad usum in scripto brevi ex evangelio collecto. IV. Poeticae disciplinae studium: in Latinis: 1. Prosodica praecepta fideliter teneantur et repetantur. 2. Certamina eadem poetica versuum eodem modo sed tamen sublimiore ac in tertia classe. 3. Breve exercitium suppeditatis quodammodo phrasibus. 4. Praeceptorum prosodiae examen in Vergilio, Ovidio. In Graecis. 1. Prosodiae Graecae epitome. 2. Dictionum in versibus Graecis translocatarum restitutio. 3. Quantitatum in Phocylide, Theognide vel Pythagora examen. V. Logica. Primae breves quaestiones dialectione maxime necessariae ex Losio exemplis tantum explicentur et memoriae mandentur. VI. Musica. Musica exercitia diligenter instituantur. VII. Arithmetica. Praecepta et usus Arithmeticae ex libello Losii.

In prima classe. Fines docum (vel potius undecim): I. Pietas. 1. Symboli Apostolici Nicaeni et Athanasii collatio et explicatio brevis. 2. Catechesis Lutheri Graeca Latina et Germanica. 3. Examen Theologicum Philippi 4. Augustana Confessio eiusque Apologia. 5. In festis peculiarum sententiae iis adcommodatae explicabuntur. 6. Περιοχή doctrinae et logicum exercitium in singulis evangeliis Dominicalibus. 7. In Psalmis poenitentialibus et sententiis Biblicis secundum linguas exercitatio. II. Linguae Latinae cognitio. 1. Difficilium praeceptorum grammaticae etymologiae et syntaxeos repetitio per disputatiunculas ex secunda classe concreata, ad qui in stili exercitiis regulas gram. violaverint. 2. Usus eorum in auctoribus, in Officiis Ciceronis, de oratore, in Caesare, Terentio nec non in aliis poetis. 3. Translatio ad usum in exercitiis stili. 4. Continua sermonis Latini exercitatio mutua et ad praeceptores. III. Linguae Graecae cognitio. 1. In praecepto etymologicis Crusii, quibus recte cognitis disputatiunculas ordinariae repetitionis nomina instituentur. 2. Usus eorum in evangeliis Graecis, Catechesi Graeca, orationibus Olynthiacis Demosthenis vel paraeneticis Isocratis, et poetis Graecis Homero et Hesiodo. 3. Syntaxis Posselii Graeca electis maxime necessariis. 4. In ephemeridibus Graecis vocabula simplicia et phrasium secundum certos ordines exercitatio. 5. Praeceptorum ad usum translatio in exercitiis stili Graeci ad lectiones oratorum adcommodatis. IV. Studium Poeseos. In Latinis: 1. Praecepta prosodica accurate in poetarum lectione examinentur. 2. Certamen versuum idem quod in secunda classe. 3. Hypothesis metrica hebdomadaria. In Graecis: 1. Prosodiae Graecae praecepta. 2. Examen eorundem diligens in Homero et Hesiodo. 3. Phrasium poeticarum, epithetorum et synonymorum in ephemeridibus exhibitio. 4. Hypothesis metrica hebdomadaria. V. Ratio diiudicandi vera a falsis et recte docendi. 1. Praecepta dialectica diligenter explicata memoriae mandentur. 2. Exempla recte adcommodentur vel adplicentur. 3. Genera exercitiorum secundum capita singulorum librorum. 4. Disputatiunculae secundum rationem disputandi traditam. VI. Studium eloquentiae: 1. Praecepta teneant et saepius secundum οὗνοψιν datam repetant. 2. Exempla in ipsa lectione rhetoricae et oratorum explicatione praeceptis adplicentur. 3. Paraphrases, apophthegmata, chriae vel gnomae tractandae. 4. Dispositiones declamationum secundum singula causarum genera. VII. Musica. In musicis exercitiis diligentia debita adhibeatur. VIII. Arithmetica. Gemmae Frisii praeceptis exempla varia adcommodentur. IX. Tirocinia Mathematum. Sphaerica elementa tradantur. X. Geometrica elementa. Iis ad finem perductis cosmographica et geometrica elementa breviter collecta σὺν θεῷ communicabuntur; nec non epitome Imagoges historicae. XI. Initia ethica et physica. In ipsis auctorum lectionibus inprimis in Homerica etiam breviter ista attinget Rector.

Atque ita ex hac scholastici eo paratiores ac in Academiae conferent, ut tandem Deo in ecclesia, scholis vel republica inserviant.

mathematische Stunden erscheinen, in Secunda und Tertia aber trotz der in den fines
darüber gegebenen Bestimmung eben so fehlen wie bei Nehrkorn. Im Ganzen lehrt eine
genaue Vergleichung beider Stundenpläne, dass Gerlach den Nehrkornschen benutzt und
in seinem Sinne überarbeitet hat, wie er dies auch mit den Schulgesetzen gethan hat.
Endlich werden ausser den oben angeführten Lehrern neben dem Rector noch M. Bernh.
Glaserus und ein Scholasticus (der Auditor) aufgeführt; man sieht daraus, dass ausser
Faber das ganze Collegium vom Rathe 1592 entlassen worden war. Nach dem Stundenplan steht folgende Appendix: Ut ex schola hac discipuli in Academias fundamentis
aliarum disciplinarum instructi maiore cum fructu se conferant, de Senatus Amplis.
voluntate in studiosos alumnos benefica Epitomen libelli de partibus corporis humani et
de anima in prima classe explicabit Cl. vir Valentinus Espichius, Phil. et Med. Doctor
et πολιτρος ordinarius. Alsdann sind die Exercitia grammatica linguae Latinae et Graecae,
dialectica, rhetorica und poetica *) aufgeführt. Hierauf folgen nach einer Προσφώνησις

---

*) Exerc. gram.: Ex Germanica lingua in Latinam versiones. Ex Latina in Germanicam translationes.
Ex Graeca itidem in Latinam, ex Latina in Graecam. Praeceptorum per disputatiunculas repetitio. Eorundem in
tabellis secundum distinctionem capitum σύνοψις. Temporum, modorum, personarum, thematum brevis, eaque
privata in Ephemeridibus adsignatio nec non regularum Syntaxeos adcommodatio tironum.
Dialect. secundum Melanchthoniana praecepta. In libro primo. 1. Vocabulorum variorum ad praedicabilia relatio: nec non secundum praedicabilia quarundam definitionum ανάλυσις, 2. Praedicationum diiudicatio-
nes an regulares: figuratae inusitatae: essentiales: accessoriae, causales, contingentes aut accidentales. 3. Generum
in definiendo et praedicamentis inquisitio et distinctae classes relativorum et absolutorum vocabulorum. 4. Variae
definitiones, earumque secundum leges tres et formas quatuor examen. 5. Divisionum variarum ad formas IV ad-
plicatio. 6. Quaestiones simplices tractandae secundum methodi formam.
In libro secundo. 1. Exercitium diiudicationis propositionum per quaestiones Quae Qualis Quanta:
an categoricae aut hypotheticae: an affirmativae vel negativae: an universales particulares, indefinitae vel singu-
lares. 2. Contrariarum subcontrariarum et contradictoriarum propositionum examen: et quae propositiones vere
sint oppositae. 3. Simplicis conversionis, per accidens et per contrapositionem propositionum formae. 4. Aequi-
pollentiam propositionum collatio.
In tertio libro. 1. In syllogismis contextis, propositionum, et terminorum ανάλυσις et diiudicatio.
2. Syllogismorum secundum tres figuras variatio et ad modos peculiares adcommodatio. 3. Reliquarum specierum
argumentationis exempla: et posteriorum duarum figurarum ad primam reductiones. 4. Certamen syllogismorum
solvendorum contra regulas syllogismorum et consequentiae peccantium. 5. Hypotheticorum syllogismorum exercitium.
In quarto libro. 1. Exercitium conclusionum vel propositionum ad thema aliquod de mediis vel ratio-
nibus ex locis inveniendis adplicandarum. 2. Argumentorum plurimorum vitiosorum ad rationem solvendi argumenta
vitiosa adcommodatio. 3. Disputatiuncula plurima argumenta secundum fallaciarum titulos examinans.
Rhetorica. 1. Quaestiones didascalicae tractandae. 2. Paraphrases. 3. Apophthegmatum et chriarum
tractationes. 4. Exordiorum dispositiones ex variis locis. 5. Quomodo narrationes historicae tractandae. 6. Con-
firmationum analyses quomodo instituendae. 7. In iudiciali causae genere status coniecturalis iuridicialis et legalis
exercitium. 8. Adhortatoriae, petitoriae, consolatoriae epistolae vel oratiunculae in deliberativo genere. 9. Personarum
et rerum variarum, animalium, locorum, regionum, urbium, plantarum, gemmarum nec non factorum laudationes
in genere demonstrativo. 10. Gratiarum actionis formae variae. 11. Gratulationes. 12. Per exempla varia figurarum
dictionis vel orationis examen. 13. Amplificationis ratio vel exercitium secundum locos. 14. Periodorum recte
conformandarum exercitium. 15. Imitationis secundum singulas orationis partes exercitium. 16. Anticiceronianae.
17. Iudicium scholasticum (vgl. vor. Pr. S. 10. a. E.) confirmationis locos in genere iudiciali, actori et defensori
peculiares, et eiusdem status exercet.
Poetica in Latina et Graeca lingua. 1. Translatas dictiones in formam versuum redigere. 2. Narrationum poeticarum imitationes. 3. Parodiae Horatianae. 4. Dispositiones metricae. 5. Distributio poetica secundum personas. 6. Concertationes στιχολογικαί ut finalibus initiales literae respondeant.

ad discipulos ante legum scholasticarum recitationem: Gymnasii novi Budissinensis Statuta sive leges quolibet semestri post habitum examen recitandae, welche wörtlich mit denen im VIII. B. der Platzischen Chron. (s. vor. Progr. S. 9) übereinstimmen. An diese schliessen sich vier Schulgebete, welche ich nebst einigen noch älteren aus dem Jahre 1574 im Anhang habe abdrucken lassen, da sie nicht so leicht zugänglich sind, wie die, welche den leges scholasticae von 1700 (auch bei Platz XX) beigefügt sind. Den Schluss des Buches machen carmina quaedam sacra M. Gerlachii. —

Auf die Geschichte der Lehrverfassung habe ich noch einige Notizen über die Feier des Gregoriusfestes und die Aufführung von Schulcomödien, so wie endlich über die früher üblichen Ferien folgen lassen, damit der Leser ein möglichst vollständiges Bild von dem Entwickelungsgange der hiesigen Schule und ihrem Thun und Treiben erhalte. Besonders habe ich es mir dabei angelegen sein lassen, die Quellen anzugeben, und hoffe dadurch dem, welcher diese Beiträge vielleicht einmal bei der Abfassung einer zusammenhängenden Schulgeschichte verwerthen sollte, manche unangenehme Mühe erspart zu haben.

Budissin, im Februar 1864.

Dr. Schubart.

II. Die Lehrverfassung.
(Schluss.)

Die Veröffentlichung der Schulgesetze und des ausführlichen Lehrplans im Jahre 1700, welchen ich zum Schluss des vorjährigen Programms näher characterisiert habe, hatte nicht den gewünschten Erfolg. Schon sechs Jahre später sah sich der Rath genöthigt, folgende in mehr als einer Hinsicht interessante Verordnung [*)] an das Lehrercollegium zu erlassen:

„Demnach Ein Wohledl. und Hochw. Rath dieser Stadt eine Zeit her sorgfältig wahrgenommen, wie bei hiesiger Evangelischer Stadt-Schule nicht nur die Anzahl derer discipulorum von Jahre zu Jahre sich verringert, sondern auch von denen meisten, die noch allhier verbleiben, die gehofften profectus gar schlecht zu verspüren gewehsen, undt aber dem gemeinen Wesen höchlich daran gelegen: dass die Jugendt wohl inachtgenommen und das Schul-Wesen in florisanten Stand gesezet und erhalten werde; Alss träget Wohlgedachter Rath zu sämbtlichen Herren Praeceptoribus besagter Schule das gute Vertrauen: Es werden dieselben Ihr aufgetragenes Ambt und von dem Allerhöchsten verliehenes Talent dermassen in Obacht nehmen, womit kein einiger ihrer Schüler zu dero schweren Verantwortung verabsäumet, sondern vielmehr durch dero unermüdeten Fleiss ein jeder zum Dienste Gottes und seines Nächsten erbauet und der Schulen vom gegenwärtigen Abfall wiederumb auffgeholfen werden möge;

[*)] Die Verordnung ist datiert vom 7. Juni und findet sich in der Platzischen Chronik XXIII. S. 662 ff.

Dieses nun umb so viel sicherer zu erhalten, werden gemeldte Herren Praeceptores zuförderst bemühet sein, sich sowohl selbst nach denen in Anno 1700 publicierten Schul-Legibus genau zu richten und sonderlich die darinnen beschriebenen Lectiones, insoweit solche nicht iussu et auctoritate Senatus geändert: methodo praescripta mit aller Treue und Sorgfalt zu docieren, alss auch ihren untergebenen selbige zu imprimiren, und Sie, denenselben nachzuleben, anhalten, wesswegen mehrermeldter Rath verordnet: dass hinführo jedesmahl nach gehaltenem Examine in Gegenwart derer Herrn Schul-Inspectorum die Leges scholasticae dem ganzen Coetui vorgelesen, undt darbey von dem Herrn Rectore eine nachdrückliche Ermahnung an die Jugend gehalten, und der Verstand derer Gesetze sowohl als die obligatio mehr und mehr ihnen eingepflanzet werden solle;

Weil auch bisshero verspüret worden: dass viele derer discipulorum entweder mit allerhand unnöthigen Reisen die Schul-Lectiones hindangesezet, oder dass dieselbige nach eigenem Gefallen und Gutt-düncken besuchet und nach geendigtem Gebet oder hora fere finita erst in die Schule kommen; Alss soll hinführo von einem jeden derer Herrn Praeceptorum ein Catalogus seiner untergebenen gehalten, die Lectiones bald nach dem Schlage mit Lesung des Catalogi angefangen und die Abwesenden aliqua nota signiret, auch denen Scholarchis bey Besuchung der Schule selbige vorgeleget, sofort aber von denen Herrn Praeceptoribus nach denen causis absentiae genau geforschet, die malitiose absentes ungestrafft nicht gelassen, noch ohne sehr erhebliche Ursachen das Wegreisen jemanden verstattet werden;

Und nachdem an dem Grunde des Christenthumbs und Gott wohlgefälligen Wandel das meiste gelegen, so verordnet Wohlermeldter Rath: dass führohin des Hutteri Compendium theologicum in Classe prima nicht allein des Montags, sondern auch Sommers-Zeit des Dienstags die erste Stunde, statt des Hesiodi, und zwar dergestalt tractiret werde, womit alle Jahr es einmal absolviret, und nicht etwa mit blossen Expositionibus verborum undt nudis recitationibus vel lectionibus derer definitionum die Zeit hingebracht, sondern vielmehr der in Legibus Scholasticis vorgeschriebenen Methode nachgegangen, auch die Jugendt bei jedem Articul mit Ernst und Fleiss ad praxin verae pietatis angeführet werde; die in solchen lectionibus vorkommende hebräische und griechische textus cardinales aber sollen jedesmahl Donnerstags und Freitags zuvor in denen zur hebräischen und griechischen Lection destinierten Stunden exponiret und analysiret werden;

Auch werden Herren Praeceptores ihre discipulos zum Kirchengehen fleissig anhalten, und gegen die aussenbleibenden sowohl alss die so ungeziemend mit Plaudern oder anderen unartigen Händeln sich darinnen aufführen, mit verdienter Straffe zu corrigiren sich angelegen sein lassen;

Die Latinität betreffend, soll hinführo in denen untern Classen des Herrn Callmanns verfertigte Grammattica docieret, undt in prima des Schmidii et Welleri, nach Vorschrifft des in Legibus scholasticis enthaltenen Methodi Dienstags und Mittwochs unaussgesezt mit fleissiger exemplification und examination tractieret werden;

Mit denen exercitiis stili aber ist es so zu halten: dass erstlich zu exercierung varii generis stili mit abwechselung derer Materien Anlass gegeben, dann die Correctur publice verrichtet, undt jeder discipul angehalten werde, sein verfertigtes exercitium ad mundum geschrieben dem Herrn Praeceptori zu übergeben und auss seinen exercitien-Büchern (alss dergleichen jeder zu halten schuldig sein soll) abzulesen, wormit also einer durch des andern emendation gebessert undt eine honesta aemulation unter denen discentibus erreget werde; Nach geendigter Correctur, worzu auch die Stunde von 8—9 Uhr anzuwenden und das Hebräische statt des Prudentii Freytags von 2 biss 3 zu tractieren ist, soll der Herr Praeceptor denen discipulis das Exercitium ,proprio stilo elaboriret dictiren, undt, soviel die Zeit zulasset, wie zur elegantz zu gelangen, zeigen;

Damit auch die Jugendt pro diversitate ingeniorum et inclinationis Gelegenheit erlange, die autores classicos zu imitiren, so soll hinführo nicht viel Jahr lang bei exponirung eines autoris es gelassen, sondern jährlich ein anderer vor die Hand genommen, der genius still ipsius sambt dem artificio imitandi, oder wass sonst der latinität oder historie halber am meisten zu attendiren, gezeiget, auch bei jeder lection eine kurze imitation gegeben, undt selbige in der folgenden, von einigen auf Erfordern abgelesen undt allen, worinnen gefehlet oder getroffen, aufs beste demonstriret werden;

Zu besserer Anleitung undt Uebung in der Oratorie sollen hinführo in media Classe statt des Vossii Rhetorica des Hübneri oratorische Fragen fleissig tractieret, auch die in secunda Classe daraus examinieret und ad Vossium gewiesen, die declamationes oratoriae aber Donnerstags durchauss nicht hindangesezet, sondern wochentglich, oder zum wenigsten alle 14 Tage von einem oder zwei öffentglich perorieret worden;

Ingleichen ist die lateinische und teutsche Poesie, wie auch die griechische Sprache durch fleissiges imitiren wohl beizubringen, wesshalber jedesmahl bei Endigung der Stunde eine kurze imitation allen zu ertheilen, undt in der folgenden Lection von einigen, so unvermuthet aufzuruffen, abzulesen ist;

Und nachdem des Bartholini Compendium Logices weder im Druck weiter zu bekommen, noch ohne obscurität ist, alss sollen hinführo statt desselben Thomasii Erotemata Logices tractiret werden, welche, wie in dieser Disciplin von nöthen, Herrn Praeceptores per crebra exempla undt examina der Jugendt deutlich zu imprimieren belieben wollen;

Da auch biss anhero des Sleidani Tractatus de quatuor Monarchiis zu grosser Weitläuffigkeit Anlass gegeben, undt diese Lection sonderlich zum Endzweck hatt: dass die Jugendt eine Idee von der Universalhistorie in sich fasse, so aber dadurch, wenn in vielen Jahren kaum einige Secula absolvirt werden, nicht zu erreichen ist; Alsß soll hinführo das Compendium Histor. Univers. Hornii statt des Sleidani gebrauchet, die Jugendt, ohne sonderliches dictiren, auf die besten Historicos cuiusvis Seculi gewiesen, undt selbige zur repetirung der Lection, so dass ein oder der andere latinis verbis, wass die Stunde docieret worden, vorbringe, angehalten werden.

Endlich sollen auch diejenigen, so in den Chorum musicum aufgenommen worden, undt ihrem Versprechen nach die Music mit gebührenden Fleiss nicht excoliren oder auch unfähig sind, dieselbe zu tractieren, wiederumb ex choro dimittiret, und also, dass er andern den wenigen Zugang ohne Verdienst schmälere, nicht verstattet werden; Wornach sich also beydes Herrn docentes alss discentes zu richten wissen werden."

Die Innehaltung dieses Decretes wurde auch Rosenbergs Nachfolger eben so wie die der Leges scholasticae zur besondern Pflicht gemacht, wie aus dessen Bestallung bei Platz XXV S. 643 ff. hervorgeht. Inwieweit Schulz dieser Verpflichtung in der kurzen Zeit seiner Amtsthätigkeit nachgekommen, wissen wir nicht; doch zeigt wenigstens eine von ihm in usum Athenaei Budissinensis besorgte Ausgabe [5]) des Caelii Calcagnini Ferrariensis de Eucharistia sermo vom Jahre 1710, welche sich in der Zittauer Bibliothek vorfindet, dass seine Behandlung der lateinischen Schriftsteller sich nicht von der seiner Vorgänger unterschied.

. Dagegen hat sein Nachfolger Bartsch, der beiläufig gesagt sein Amt am 5 Nov. antrat, in seinem Einladungsprogramm zu dem dramatisch-oratorischen Actus am 3 Febr. 1712 (bei Platz XXVII) einen allgemeinen Bericht über „die Hauptlehren, welche der studirenden Jugend in dem Budissinischen Gymnasium vorgetragen werden, nebst derselben Methode" gegeben. Es ist zu bedauern, dass der darin erwähnte Specialbericht entweder nicht erschienen oder nicht erhalten ist; doch zeigt schon der erstere hinlänglich, dass die lateinische Schule aufgehört hat zu existieren und das Gymnasium nahe daran war, sein hauptsächlichstes Bildungselement für einen Wust von Realismus preiszugeben. Glücklicher Weise war die Macht der Gewohnheit stärker, als das Andrängen der neuen Zeit, welche Raumer Gesch. der Päd. II. S. 101 ff. treffend characterisiert hat, und Bartsch nicht der Mann, eine eingreifende und nachhaltige Wirksamkeit auszuüben. Nach seinem Programm nimmt die Frömmigkeit die Hauptstelle in der Schule ein, und es ist eine ganz vernünftige Forderung von ihm, dass in allen Lectionen, nicht allein in den theologischen darauf gesehen werde, dass nicht nur der Verstand durch gründliche Wissenschaft in göttlichen Dingen, sondern auch der Wille in rechtschaffener Ausübung immerzu gebessert werde, und dass die häusliche Erziehung die der Schule unterstützen müsse. Aber die Theologie, wie er sagt, war ihm nur der erste Theil der philosophia practica; an sie schloss sich als zweiter die Ethik, deren Aufgabe es sei, zu zeigen, „wie man als ein Glied aller Menschen allen Menschen mit gebührender Liebe begegnet und darbei seine eigne Gewissensruhe und höchste Gemüthsvergnügung auf dieser Welt befördert", und als dritter die politica oder philosophia civilis, „da man als ein Glied einer besondern Societät unter Leuten von gewisser Condition und unterschiedlichem Stande seiner Pflicht nach sich aufführen lernt". Die zweite Stelle wird der Physica, der Erforscherin aller natürlichen Dinge in der ganzen Welt, vindiciert. Wer aber, fährt Bartsch fort, die Geheimnisse der Natur gründlich verstehen lernen will, der wendet sich hierbei auf die lobens- und liebenswürdige Mathesin, welche auch den menschlichen Verstand zu den herrlichsten Kräften durch deutliche und unbetrügliche Mittel bringen kann. Grundlage für dieselbe ist ihm die Arithmetik, mit der die Musik verwandt ist. Dieser ist verschwistert die Geometrie, an welche sich weiter die Astronomie reibt. Diese letztern beiden sind die Mutter der Geographie, welche nicht bloss die Eintheilung der Länder, ihre Producte, die vorzüglichsten Ortschaften nebst ihren Merkwürdigkeiten zu lehren, sondern auch eine Anweisung in die Genealogie zu geben hat. Aus den astronomischen Principien wird ferner abgeleitet die Chronologie und auf sie und die Geographie gründet sich dann die Historia, die lehrt, was von Anbeginn der Welt bis auf die gegenwärtige Stunde getrieben worden ist. Der Hauptnutzen dabei ist, dass man bei den Geschichtsschreibern wohl Achtung gebe auf das, was wahr, was falsch, was wahrscheinlich und unwahrscheinlich sei und wie man anderer Leute Thaten beurtheilen

---

[a] Das Büchlein ist von ihm herausgegeben worden, „ut Schola, circa solemnem S. coenae usum, qui tribus quotannis vicibus fieri solet, haberet, in quo meditationibus sacris locum dare posset".

und zu seiner eignen Ausbesserung applicieren solle. Alle diese Disciplinen tragen dazu bei, der Jugend die nöthige Gelehrsamkeit zu geben; es fehlt noch, dass man auch recht denken lernt. Dies zu lehren ist die Aufgabe der Logik, wobei auf die Gründung eines gesunden Vernunftschlusses und die Ausrüstung des Vorstandes hingearbeitet und durch allerhand Themata, durch die Distribution und Argumente die Geschicklichkeit, auf eine gute Invention zu kommen und solche in beliebte Ordnung zu bringen befördert wurde. Ist dieses geschehen, so fällt es nach Bartsch nicht schwer, die Oratorie oder Wohlredenheit zu lernen; doch lehrte man auch die nöthigen Artificia, imitierte die besten Redner, nahm variationes vor, gab auf die connexiones und elegantias wohl Acht und liess wöchentlich einige recitieren oder memoriter perorieren, worauf einige von den Auditoribus ihr iudicium darüber abgeben mussten und also zu einer genauen Attention und Schärfung des ingenii gebracht wurden.

Dies ist in kurzem Bartschens Lehrgebäude. Hinter jeder Disciplin hat er für den, welcher weitere Belehrung über dieselben wünscht, die nöthigen literarischen Hülfsmittel angegeben, und man muss ihm das Zeugnis ausstellen, dass er dabei den Fortschritten der Wissenschaft gebührend Rechnung getragen, wie er z. B. bei der Astronomie Kepler und Leibnitz mit anführt.

Von den Sprachen, „als einigen Werckzeugen zu der Erudition zu gelangen", wollte er in dem Specialbericht so viel als nöthig erwähnen, hier versichert er nur, dass „in der lateinischen Sprache fleissig darauf gesehen werde, wie sie im Reden und Schreiben ihre Reinigkeit und Fertigkeit erhalte und nicht durch barbarismos und soloecismos verderbt werde, dass sie aber nicht also angesehen werde, als ob nur durch sie oder in ihr die Gelehrsamkeit sein und niemand den Nahmen eines Gelehrten ohne ihre völlige Wissenschaft behaupten könnte, und dass in der Philologie dasjenige treulich vorgenommen werde, was nützlich und nöthig sei."

Was endlich die Disciplin anlangt, so ist ihm die disciplina interna oder die innerliche Herzensbekehrung das beste Mittel, den äusserlichen Lebenswandel zu einer löblichen Ehrbarkeit zu bringen; wolle sich die Thorheit auf solche Weise nicht unterdrücken lassen, so müsse ein schärferes Tractement nach Proportion vorgenommen werden und es bliebe dann für erwachsene Personen nur das consilium abeundi übrig. Im Allgemeinen könnten die Eltern versichert sein, dass ihren Kindern kein Weh in der Schule geschehen und ihnen kein Orbilius dieselbe zur Hölle machen werde.

Nicht minder als Bartsch stand sein Nachfolger Behrnauer (vergl. das Vorwort zum vor. Progr.) auf der Höhe des Zeitbewusstseins und hatte bei aller seiner Frömmigkeit vor dem genius seculi, das heisst der allgewaltigen Göttin Mode, einen gehörigen Respect. Sein Programm ist in der „wahrhaft babelschen Sprache" jener Zeit geschrieben, welche durch die Vermischung des Deutschen, Lateinischen und Französischen entstanden war, und es charakterisiert den Mann, dass er „etzlichen seiner Domestiquen *), um sich sowohl in der Latinität als Frantzösischen desto fester zu setzen, leichte und nützliche Autores in die Hände gab und solche in das Latein, aus dem Latein aber wiederum in das Frantzösische übersetzte, ut una fidelia duos dealbare possent parietes".

---

*) Mit diesen Domestiquen sind jedenfalls die discipuli domestici d. h. die im Schulhause wohnenden Inquiliner gemeint vgl. vor. Pr. S. 12. 13

2

Der Zweck aller Schulbildung ist nach Behrnauer, dass der Mensch gleich von Jugend an lerne: Recht denken und Recht thun; es müsse also gleichmässig der Verstand und der Wille gebildet werden, der erstere durch vernünftige und nützliche Wissenschaften, der andere durch eine ordentliche und rechtmässig eingerichtete Zucht. Demnach zerfällt sein Programm in zwei Capitel, wovon das erste „von der Unterweisung, den Lectionen und der Methode solche zu tractiren", das zweite von der Disciplin handelt und mit den zwölf Postulatis schliesst, die er in Betreff derselben an die Schüler stellt. Dem ersten Capitel ist der Lectionsplan für die vier ordines beigefügt und ich will gleich hier bemerken, dass die ersten drei wöchentlich je 22, der vierte aber 26 öffentliche Lectionen hat. Die Nachmittage des Donnerstags und Sonnabends waren frei, des Freitags früh besuchten die drei oberen ordines, nachdem in der Schule ein öffentliches Gebet gehalten worden war, die Kirche; nach deren Schluss kamen sie in dem oberen Auditorio zusammen und hielten ihre preces und lectiones biblicas unter der Aufsicht eines der oberen Lehrer. In dem vierten ordo wurde unterdessen vom fünften und sechsten Collegen abwechselnd „eine Introduction zur lectio biblica angestellt, durch Frag und Antwort alles examinirt, deutlich erklärt und besonders die biblischen Historien den Kindern beigebracht und endlich mit der Litanei beschlossen". Diese Stunden habe ich jedoch bei der obigen Angabe nicht mit in Rechnung gebracht. Die öffentlichen Lectionen wurden früh von 6—9 Uhr und Nachmittags von 1—3 Uhr, im vierten ordo von 12—3 Uhr gehalten. Die lectiones privatae und privatissimae waren auf die freien Nachmittage und die Zeit nach den Vormittagslectionen gelegt; leider sind sie nur vom ersten ordo angegeben, und nur bei dem vierten ist bemerkt, dass der sechste College alle Tage von 5—6 Uhr eine besondere Rechen- und Schreibestunde zu Hause hielt. In Betreff des Unterrichts nun geht Behrnauer von dem etwas bedenklichen Satze aus, „dass man der Jugend nichts beibringen müsse, als was sie mit der Zeit wiederum glücklich an den Mann bringen könne". Daraus folgert er dann weiter, dass man auf die Zeit, in der man lebe, sehen und auf die Subjecte, so man informiere, Achtung geben müsse. So habe man (man glaubt eine Stimme aus der Zeit der Gymnasialreform zu hören) vor hundert Jahren aus Kritik, variantibus lectionibus und andern dürren Wissenschaften ein Wunder-Werk gemacht, wer aber seine discipuli nur dazu anführen wolle, würde wider den genium seculi informieren. Was aber die zu unterrichtenden subiecta anlange, so müsse man eines jeden Endzweck vor Augen haben, und es sei dabei festzuhalten, dass einige Sachen der Jugend zu wissen so absolut nöthig sei, dass man davon keinen mit Recht ausschliessen könne, z. B. die gründliche Wissenschaft von Gott, die lateinische Sprache, einen geschickten Brief zu schreiben, ohne vieles Bedenken einen manierlichen Vortrag zu thun, die nöthigsten Abwechselungen in der Historie, das Merkwürdigste in der Geographie und Genealogie und viele andere Sachen; andere hingegen z. B. die Erlernung der griechischen und hebräischen Sprache, die weitläufigen Schul-Orationes u. s. w. wohl bei etlichen nöthig, bei andern aber entweder überflüssig oder ein blosses ornamentum wären. Für die Methode aber gelte als Hauptregel, dass sie der Natur folgen und nach eines jeden Geschmack, Alter und Fähigkeit eingerichtet werden müsse. Nachdem diese allgemeinen Grundsätze vorausgeschickt sind, werden die einzelnen in der Schule zu behandelnden Disciplinen aufgeführt und die dabei beobachtete Methode dargelegt.

1) Die wichtigste und vornehmste Lection ist eine zulängliche theologische Wissenschaft. Der Zweck dieses Unterrichts ist, dass die Schüler Gott recht erkennen lernen und diesem Gott mit aufrichtiger Seele und ungeheucheltem Wesen zu dienen sich angewöhnen. In den beiden untern ordines (von denen IV. 7, III. 4 Religionsstunden wöchentlich hatte) ward nach wie vor der Kreuzkatechismus, in den beiden obern (II. mit 3, I. mit 2 St.) des Görlitzer Rectors Grosser theologia thetica zu Grunde gelegt; eine Stunde war in jeder Classe zur Repetition dessen festgesetzt, was in der vorhergehenden Classe erlernt worden war. In den Katechismusstunden war die Methode folgende: Man bemühte sich 1) die vornehmsten Lehrsätze in kurzen Fragen den Kindern beizubringen, die längern zu zergliedern, selbige umzukehren, die Fragen zur Antwort zu machen, so dass der Schüler sich bei der Antwort der Frage bedienen musste, auch öfters die Frage mit andern Worten auszusprechen, damit nicht allein die Erkenntnis von Gott dem Gedächtnisse, sondern dem Verstande und Willen beigebracht würde; 2) die kurzen und deutlich abgefassten Sätze wurden mit einem oder dem andern sehr conformen und deutlichen Spruche bewiesen, der Inhalt der dicta gezeigt und diese selbst zergliedert und von Stück zu Stück durchgegangen. In dem zweiten ordo brachte man den Schülern die kurzen und nöthigsten Theses aus dem angegebenen Lehrbuche bei, liess die dicta probantia gründlich lernen, erklärte selbige nach den leichtesten regulis hermeneuticis und wendete sie zu einer moralischen Lebenslehre an. In dem obern Auditorium hingegen wurden 1) die Theses weitläufiger illustrieret, 2) die dicta probantia in den Grundsprachen erklärt und von den zukünftigen Theologiae studiosis vernünftig gelernt, 3) die Antitheses kurz dazu gesetzt und sowohl historice dieses und jenes Irrthums Ursprang gewiesen, als polemice ordentlich widerlegt und endlich 4) allemal die theologia moralis mit angehängt.

2) Die zweite Stelle nehmen nach Behrnauer die Sprachen ein und unter diesen steht ihm die Muttersprache obenan, und er versichert, dass dieselbe hauptsächlich excolieret werde, und fast kein Tag vergehe, wo man nicht publice, privatim und privatissime der Jugend Gelegenheit gebe, sich in selbiger eine anständige Annehmlichkeit anzugewöhnen. Doch sind in dem Lectionsplan, abgesehen von fünf Schreibstunden in o. IV., in denen auch die Fundamente der Orthographie gewiesen wurden, keine besonren deutschen Stunden angesetzt, und die schriftlichen Uebungen in der Muttersprache, von denen später die Rede sein wird, waren mit den lateinischen verbunden.

3) Zu der lateinischen Sprache wurde der Grund in der untersten Classe gelegt. In den 10 Stunden, welche in derselben dem Latein gewidmet waren, wurden ausser dem Lesen die Declinationen und Conjugationen, jene Vormittags, diese Nachmittags, nach Langes Grammatik gründlich eingeübt, die Genusregeln und auch ein kleiner Vorschmack in der Syntax beigebracht und an der Tafel die Anleitung zur Composition gegeben. Darauf wurden die Schüler in der dritten Ordnung (14 St. wöchentl.) in die Grammatik eingeführt, die schwereren Ausnahmen eingeprägt, und mit der Uebersetzung kleiner Colloquia nach Hoffmanns Einleitung und des Vestibulums der Anfang gemacht, wobei das Hauptgewicht auf die Uebersetzung ins Deutsche gelegt wurde. In den schriftlichen Uebungen sollte mehr die latinitas convenientiae quam discrepantiae geübt und schwerere Germanismen vermieden werden. Um die copia vocabulorum zu mehren, wurde Cellarii liber memorialis fast in allen Lectionen mit angewendet. In dem

*

zweiten ordo (14 St. wöch.) wurde der dritte grammatische Cursus absolviert, und dabei nach Langes Grammatik die Formlehre abgeschlossen und die Syntax additis ubique luculentissimis exemplis vorgetragen. Daneben las man den Cornel, die Fabeln des Aesop, Ciceros Episteln und die historiae biblicae Fabricii, wobei auch der Weg zu einer geschickten und ordentlichen Imitation gewiesen würde. In dem obern Auditorium endlich (9 St. wöch.) wurden die schwereren Autores in prosa und ligata oratione gelesen (Horat. od., Cicer. orat., Sueton.), per imitationem operosiorem sowohl als leviorem imitieret, die dabei vorkommenden Antiquitäten erklärt und die sonst sterilen Sachen durch allerhand Observationes aus der Historie und re literaria beliebter gemacht; daneben wurden wöchentlich publice meistens vier Exercitien gegeben und zwar ein imitamentum, das ordentliche exercitium stili, ein exercitium oratorium und poeticum, doch wurden die letzteren zwei wechselsweise bald deutsch bald lateinisch ausgearbeitet.

4) Der Unterricht im Griechischen war auf drei grammatische Curse vertheilt. Im dritten ordo (3 St.) lernten die Schüler lesen, declinieren und conjugieren, im zweiten (3 St.) bekamen sie den andern Cursum und auch etwas vom dritten zu absolvieren und wurden nebst der Analyse zur Lesung des neuen Testaments angeleitet, im ersten (3 St.) wurde der dritte Cursus vollendet, neben dem neuen Testamente die Profanauctores gelesen (Plut. de educ. puer.) und die Anweisung zu einer gehörigen Synthesis gegeben; doch legte Behrnauer auf die letzteren Uebungen keinen allzuhohen Werth. Ausserdem wurde das Griechische auch in den horis privatissimis und collegiis berücksichtigt.

5) Dem Hebräischen war publice nur eine Stunde in ordo I. gewidmet, das Uebrige blieb den collegiis vorbehalten. Zu Grunde gelegt war Starcks Lux Ebraea; nach dieser wurde ein dreifacher Cursus eingehalten; im ersten lernten die Schüler lesen und die allernöthigsten Stücke aus der Grammatik, im zweiten wurden sie zu den Anomalien und der mutatio punctorum angeführet, und im dritten fingen sie an, die Regeln practisch anzuwenden, analysierten und lernten Worte. Waren sie in der Analyse fest, wurden sie in einem collegium lectorium in die Lectüre der historischen biblischen Bücher eingeführt.

6) Der Unterricht im Französischen war einem „gar geschickten und habilen Maitre" überlassen.

7) Nach den Sprachen legte Behrnauer das Hauptgewicht auf eine angenehme und unaffectierte Beredsamkeit. Der Unterricht in der Oratorie wurde in dem zweiten in einer, in dem ersten ordo in zwei Stunden nach Hübner und Langes Einleitung zur Oratorie ertheilt und zwar so, dass man die oratoria nov-antiqua mit einander verband und die erklärten praecepta mit Beispielen belegte. Im ersten ordo wendete man ausserdem eine Stunde ausschliesslich zu practischen Uebungen an, wobei allemal fünf Schüler auftraten und memoriter perorierten. Das Thema wählten sich die Betreffenden selbst, nach dem Vortrag wurde publice, was einer circa inventionem, dispositionem, elaborationem und actionem versehen hatte, censiert. Ausserdem aber benutzte man fast alle lectiones, „dass denen Untergebenen die Zunge möchte gelöset werden", liess publice und privatim wöchentlich etliche exercitia oratoria exhibieren und benutzte die öffentlichen und privaten Actus (die letzteren wurden Mittwochs gehalten), den jungen Leuten „eine anständige Parrhesie" beizubringen. Auch die actus dramatici betrachtete Behrnauer als ein Mittel „zu einer angenehmen Stellung des Leibes und beliebten Suada"; doch fügt er hinzu, er sei damit sehr sparsam gewesen, weil der Nutzen derselben in

keinem rechten Verhältnisse zu dem Zeitaufwand stehe. Endlich wurde in den horis privatissimis fast täglich zu Episteln, Complimenten, kurzen Chrien, Inscriptiones u. dergl. Gelegenheit gegeben.

8) Neben der Oratorie pflegte man auch die Poesie und Dichtkunst, weil theils dadurch das ingenium aufgemuntert, theils ohne Kenntnis der lateinischen Prosodie falsch ausgesprochen würde, theils auch sich mancher durch ein nettes Gedicht empfehlen und sein Glück machen könnte. So widmete man denn „diesem ornamento der Gelehrsamkeit" sowohl publice als privatim einige Stunden; die öffentlichen habe ich oben in die lateinischen mit eingerechnet. Und zwar lehrte man die Fundamente in dem zweiten ordo und liess zur Einübung versus dislocatos in Ordnung bringen und gab zu den leichtesten generibus Anleitung, in dem ersten fuhr man in diesen Uebungen fort und übte die Obern insbesondere in arte inveniendi, wobei mit lateinischer und deutscher Poesie beständig alterniert wurde.

9) Für die philosophischen Disciplinen waren im obern Auditorium drei öffentliche Stunden bestimmt; doch sollte davon eine in Wegfall kommen und zu einer hora repetitoria angewendet werden. Man benutzte dieselben, um zunächst den Schülern einen Ueberblick über das ganze Gebäude der Philosophie zu geben und ihnen eine kurze Historie der Philosophie beizubringen; ausserdem aber erklärte man auch das ius naturae ad doctum Pufendorfii librum de officio hominis et civis, die Physica und besonders pars anthropologica, die doctrina moralis (speciell die doctrina se aliosque cognoscendi prudenterque vivendi) und die politica, doch alles „en regard des Auditorii". Daneben absolvierte man meist alle halbe Jahre die Logik nach den neuen Principiis in einer besondern Stunde.

10) Als die letzten Lehrgegenstände werden Historie, Geographie, Genealogie und Heraldik aufgeführt, doch waren diese Disciplinen meist auf die lectiones privatae verwiesen. Publice wurden in einer Stunde dem obern Auditorium die griechischen und römischen Antiquitäten nach Nieupoorts Compendium erklärt, nachdem vorher die historia ecclesiastica und die historia literaria ad conspectum Heumanni absolviert war.

Die Mathematik ist in dieser „kurzen Sciagraphie" auffallender Weise gar nicht erwähnt, doch hatte nach dem Lectionsplan o. IV. eine Rechenstunde, während zwei andere für Rechnen und Schreiben bestimmt waren, und eben so o. III. und II. je eine. Auch in den horis privatis und privatissimis des ersten ordo, die vollständig angegeben sind, und in den collegiis privatis findet sich davon keine Spur. In den ersteren wurden ausser den bereits erwähnten Uebungen und Wissenschaften noch gelesen Curtius und Graevii und Buchneri epistolae. Collegia privata aber waren damals folgende: 1) coll. disputatorium, 2) ebraicum fundamentale, 3) ebraicum lectorium in libros Samuelis, 4) oratorium fundamentale practicum, welche vom Rector gehalten wurden; 5) coll. graecum lectorium und 6) coll. pro addiscenda lingua Anglica a Subrectore und 7) las Coll. V. noch über die lateinischen Novellen. — Noch erwähne ich, dass nur in dem Stundenplan der untersten Classe eine Stunde für Singen angesetzt ist.

Dies ist im Auszuge, meist mit des Verfassers eignen Worten, Behrnauers Lectionsplan. Die Mängel desselben wie der Fortschritt im Verhältnis zu dem Rosenbergschen ergeben sich bei genauerer Betrachtung von selbst; ich begnüge mich, auf die Zurücksetzung des Griechischen und die Ueberbürdung mit Stunden und Materien aufmerksam zu machen, wie solche schwerlich ein moderner Lectionsplan aufzuweisen hat.

Nach 1722 tritt in der Ueberlieferung eine ziemliche Lücke ein, da sich keine „catalogi lectionum" in den Acten erhalten haben; erst das Regulativ vom 8 Apr. 1778 giebt wieder einen sichern Anhalt und zeigt zugleich, dass nicht gerade bedeutende Veränderungen seit Behrnauer vorgegangen waren. Die Zahl der öffentlichen Lehrstunden ist noch immer 22, auch die vierte Classe hatte nicht mehr, und von diesen 22 Lectionen fielen im Winter noch vier weg, weil da nach einer früheren Bestimmung von 1766 bloss 2 Frühlectionen gehalten wurden. Diese 22 Stunden vertheilten sich in Cl. 1 folgender Massen: 2 Theologie nach Petr. Miller instit. theol. dogmat., 2 Oratorie nach Ernesti initia doctrinae solidioris (vgl. Raumer II S. 185 ff.), 2 Mathematik nach Wolffs Auszug, 2 Hebräisch, 3 Griechisch (Palaephatus oder Xenophon und Nov. Test.), 1 Philosophie nach Ernestis initia, 2 Geschichte, 1 Antiquitäten nach Nieupoort, 7 lateinische Sprache (Ovid, Horaz, Cic. orat. sel. und 2 Exercitia); in Cl. II: 2 Theologie nach Starcks Heilsordnung (comb. mit Cl. III), 1 Mathematik nach Jacobis Messkunst vor Kinder, 4 Griechisch (2 Grammatik mit Uebungen, 2 N. T.), 15 Latein (Phaedrus, Iustin, Cic. epist. sel., Cornel [aber bloss vit. Hamilc., Hannib., Caton., Attici], Caes. [mit Cl. III], Ovid und selbstverständlich Gramm. mit Exercitien). Bei dem Iustin sollten hauptsächlich die historischen Facta mit eingeprägt werden, bei dem Phädrus die Fabeln in deutsche Verse oder in andere lateinische Versarten oder in eine mit andern Worten abgeänderte prosaische lat. Uebersetzung verwandelt werden. Cl. III hatte 4 St. Christenthum nach Starck, 2 Griechisch (1 Gramm. und 1 Nov. Test. ep. Jacobi), 13 Latein (Caesar, Cornel, Aesop, Grammatik mit Uebungen, Prosodie), 1 Repetition, wo Gellerts Fabeln dictiert, conjungiert und repetiert wurden, 1 Schreiben, 1 Rechenkunst, die letzteren drei, wie auch mehrere andere, zusammen mit Cl. IV. Der Cornel als der Hauptautor dieser Classe war unter drei Lehrer vertheilt; bei der Erklärung der syntactischen Regeln sollten fünfzehn syntactische Briefe noch beibehalten werden. Cl. IV endlich hatte 4 St. Christenthum nach Starck, 2 Griechisch (Gramm. und Nov. Test. ep. Iohan.), 11 Latein (Grammatik, Cornel., Aesop, Speccii Exercit., Loci laudabiles), 1 Orthographie, 1 Deutsch (Gellerts Fabeln), 1 Schreiben, 2 Rechnen. — Willkürliche Aenderungen in den Schriftstellern und Compendien, das Zugrundelegen eigner Dictate und willkürliche Combinationen wurden streng untersagt. Bei der Lectüre sollte die Grammatik fleissig geübt und durch alle Classen nur eine Grammatik gebraucht werden, und zwar im Lateinischen die von I. M. Gesner verbesserte des Cellarius, im Griechischen die von Weller. Auch sonst enthält das Regulativ mehr verständige didactische Bestimmungen; so werden z. B. um die Schüler zur Aufmerksamkeit in den Stunden und zum Hausfleiss zu gewöhnen und in der Satzbildung zu üben, schriftliche deutsche Nachübersetzungen der gelesenen Autoren in allen Classen, bei Dichtern Parodien oder Versetzungen in andere Versarten für die Oberstube angeordnet und das Recitieren einer erklärten Rede Ciceros empfohlen; und die lateinischen Scripta sollten vom Lehrer in Cl. I und II „laut mit Anführung der einschlagenden Regeln und mancherlei Abänderungen" corrigiert und das Emendatum von den Schülern mündlich nachgesagt werden. — Die Zahl der Privatstunden war auf 8 festgesetzt, während sie noch 1763 dem Gutbefinden und Fleisse der Lehrer überlassen waren, und zwar sollten sie an den ersten drei Tagen Vormitt. von 9—10 und Nachmitt. von 3—4 Uhr, Donnerstags Vorm. von 9—10 und Freitags (wo früh noch die Kirche besucht wurde) Nachm. 3—4 Uhr gehalten und mit Ausnahme der

Nachmittagsstunden am Montag und Dienstag ausschliesslich der Latinität gewidmet
werden. Von jenen zwei Stunden war die eine für die Geographie, wo dann jedem Lehrer sein Pensum von Ländern zugetheilt wird, die andere für die Geschichte zur Vorbereitung auf die Universalhistorie in der Oberstube bestimmt. Die drei obern Lehrer
sollten ausserdem ihre Privatschüler zu fleissiger Privatlectüre (empfohlen werden Sall.
bell. Catil., Justin, so viel er nicht in der Schule gelesen, und eine Auswahl aus Horaz,
Vergil und Ovid) anhalten und jede Privatclasse wöchentlich ein Scriptum machen. Man
sieht, der gerade als Lateiner berühmte Rector Rost hatte nicht umsonst gewirkt. Derselbe Mann suchte übrigens den Forderungen der „autores scholarum realium (vgl. Raumer II S. 160 ff.), ut opera sua in scholas inferrent opifices suasque artes coetibus puerorum aemulantium studia comprobarent" dadurch zu entsprechen, dass er mit den
Schülern in den Freistunden die Werkstätten der Handwerker besuchte und sich mit
diesen in socratischer Weise unterhielt vgl. sein Programm v. 1765 de praeceptore opi-
ficum tabernas cum discipulis visente. So sehr sich auch die Bürgerschaft darüber freute,
so gab es doch auch viele, die mit dem damaligen Lehrplan nicht einverstanden waren
und ihre Kinder privatim unterrichten liessen, weil das Gymnasium nicht mit der Zeit
fortgeschritten sei. Dies geht aus dem Programm hervor, mit welchem der Consul et
senatus civitatis Budissensis zu Böttigers Einführung den 8 Juni 1790 einlud. Dasselbe
handelt de scholis publicis genio seculi rite accommodandis und verlangt, dass man
nichts lehren dürfe, was ab usu vitae alienius sei, und diejenigen Disciplinen mehr be-
rücksichtigen müsse, „quibus maius hodie, quam apud maiores nostros statuitur pretium".
Dahin werden gerechnet: Physica studia, Encyclopaediae(?) diligens notatio, historiae non
solum antiquioris, sed recentioris etiam, atque eius imprimis, quae patriae nostrae casus
et eventus explicat, accuratior notitia, linguarum recentiorum et imprimis vernaculae scientia, non solum usu quotidiano, sed arte etiam et stilo parta. Was die Disciplin anlangt, so fordert der Rath, dass man die alte Strenge aufgäbe, — auch diose scheint
vielen Eltern unangenehm gewesen zu sein — und die Jugend verbis et adhortationibus,
nicht verberibus et contumeliis im Zaum halte. Als die geeignetsten Mittel zur Zucht
werden spes et metus, also mit andern Worten der von den Jesuiten mit so viel Erfolg
cultivierte Ehrgeiz, empfohlen, wozu die halbjährigen Censuren die beste Gelegenheit
gäben. — Ob der Rector, der mit diesen Wünschen eingeführt wurde, dieselben realisiert
habe, ist aus den Acten nicht zu ersehen. Auf Böttiger folgte 1791 den 26, nicht 1 Oct.,
wie ich irrthümlich angegeben habe, Gedike, einer der tüchtigsten Rectoren, die Budissin
gehabt hat. Und er war ein Mann der neuen Zeit und stand ausserdem in dem Alter,
wo der Mann sich noch nicht durch allzuviele Bedenklichkeiten in der Durchführung des
als richtig Erkannten beirren lässt.

Er kam, wie bekannt, von Breslau, wo ihm die pädagogische Prüfung aller zu
Schulämtern vocierten Candidaten und die Aufsicht über das dortige Stadtschullehrer-
seminar anvertraut gewesen war. Die Erfahrungen, welche er in dieser Stellung gesam-
melt hatte, liessen ihn bald erkennen, dass das Schulwesen der Lausitz mancher Verbesserung bedürftig sei, und er liess kein Mittel unversucht, eine gänzliche Schulreform
anzuregen. Was er verlangte, war freilich nicht wenig, aber der Erfolg hat gezeigt, wie
richtig und praktisch seine Forderungen waren, die er in dem Programm von 1795:
„Gedanken eines Schulmanns über eine dem Schulwesen in Chursachsen bevorstehende

Veränderung, mit besonderer Beziehung auf die Oberlausiz" und in dem von 1799:
„Das Schulwesen in der Oberlausiz im Jahre 1850" anstellte. Ihm gebührt das Verdienst, die Gründung eines Seminars, die Verwandlung der lateinischen Schulen der kleineren drei Sechsstädte in höhere Bürgerschulen und die Gründung solcher von zweitem
Range für die übrigen Städte angeregt zu haben, während er für Bautzen, Zittau und
Görlitz ausser dem Gymnasium je eine Bürgerschule vom ersten und vom zweiten Range
für nöthig erachtete. In dem Unterrichtsplan, den er für dieselben entwarf, erkennt man
freilich die philanthropische Erziehung jener Zeit wieder, die „nützliche Glieder der
menschlichen Gesellschaft bilden wollte und wesentlich auf den Nutzen hinarbeitete", es
ist ihm aber daraus gewiss ebensowenig ein Vorwurf zu machen, als aus seiner Auffassung des Christenthums, welche ebenfalls die seiner Zeit d. h. eine streng rationali-
stische war (vgl. Kahnis, der innere Gang des deutschen Protestantismus S. 134). Auch
für das Gymnasium, dem er 12 Jahre vorstand, war seine Wirksamkeit eine eingreifende.
Mit einer den Schülern selbst unbegreiflichen Schnelligkeit stellte er zunächst die ge-
sunkene Disciplin wieder her und suchte den vorhandenen Uebelständen nach Möglich-
keit abzuhelfen. Die pflichtmässigen Privatstunden wurden den öffentlichen Lectionen
entsprechend noch mehr reguliert, mit der Dreitheilung der Prima eine wissenschaftliche
Abstufung der Schüler verbunden, da sich eine vollständige Trennung nicht ermöglichen
liess, die griechische Sprache wieder mehr in ihre Rechte eingesetzt, Abiturientenprü-
fungen, wie sie Preussen schon hatte, wenigstens gewünscht[7]). Das Programm von 1796
giebt eine vollständige Uebersicht der damaligen Verfassung des Gymnasiums. Dieselbe
hat zwar im Einzelnen durch Einführung neuer Lehrbücher. z. B. der Buttmannschen
Grammatik 1814, unter Siebelis noch hie und da Veränderungen erlitten, zu einer durchgreifenden Veränderung aber, wie sie wohl gewünscht wurde, kam es aus äusseren Gründen nicht vor der Reorganisation im Jahre 1835; die von dem Lehrercollegium 1822
und 1827 entworfenen Constitutionspläne, die sich im Gymnasialarchiv vorfinden, wurden
vom Rathe nicht bestätigt. Doch machte die Anstellung eines Adjuncten (s. vor. Pr. S. 7)
eine Trennung bisher combinierter Lectionen und eine Vermehrung derselben (in den
drei untern Classen um je eine, in der ersten um sieben Stunden) möglich vgl Siebelis
Progr. von 1827 S. 9. 10. Auch äusserlich blieb die Ordnung der Stunden ziemlich
dieselbe; nur berichtet Siebelis im Jahresbericht des Progr. von 1834, dass die Lectionen
des Donnerstags auf die Mittwoche und die der Mittwoche auf den Donnerstag gelegt
worden seien, so dass der Nachmittag der Mittwoche frei war. Ebendaselbst wird mitgetheilt, dass die obern Schülern mit den untern an den freien Nachmittagen einen griechischen und römischen Classiker privatim lesen sollten. Ueber den Unterricht in den
beiden untern Classen hat sich Siebelis im Progr. von 1807 ausführlich ausgesprochen,
um nachzuweisen, dass derselbe sowohl den Bedürfnissen derer, die studieren, als auch
derer, die in das bürgerliche Leben eintreten wollten, vollständig Rechnung trage. Eine
wesentliche Abweichung von dem Unterricht nach Gedikes Plane findet sich dabei nicht.
Ich kann also die Geschichte der Lehrverfassung mit dem Auszug aus Gedikes Programm, zu dem ich mich nun wende, schliessen.

---

*) Dieselben wurden hier durch ein Decret des Raths vom 19 Juli 1821, also 8 Jahre vor dem Mandat
v. 4 Juli 1829 eingeführt und dafür 4 Censuren (prae ceteris dignus, dignus, prope dignus, indignus) festgesetzt.

Vierte oder unterste Classe. Zur Aufnahme in dieselbe wurde nichts weiter erfordert, als eine ziemlich mechanische Fertigkeit im deutschen Lesen, Kenntnis der lateinischen Buchstaben, einiger Anfang im Schreiben und die ersten Begriffe vom Werthe der Zahlen.

Der Religionsunterricht (4 St.) wurde nach dem Rosenmüllerschen Lehrbuche gegeben. Der Lehrer erklärte den gelesenen Text desselben, zergliederte jeden Satz nach den darin enthaltenen Begriffen, zeigte durch passende Beispiele die Brauchbarkeit und Anwendbarkeit jeder Lehre und suchte durch seinen ganzen Unterricht in katechetischer Form seinen Schülern die Religion Jesu von Seiten ihres Verstandes und Herzens recht wichtig zu machen. Die im Lehrbuche angeführten Sprüche wurden erklärt und auswendiggelernt. eben so einzelne gute Lieder und Liederverse zum Theil aus dem Bautzner Gesangbuche, meist jedoch aus dem für die Leipziger Freischule und dem Sturmschen für Kinder. Auch die Gewohnheit, die Hauptstücke des Lutherischen Katechismus auswendig lernen zu lassen, wurde beibehalten, „da kein anderes gleich kurzes Religionsbuch einmal eine so allgemein anerkannte kirchliche Autorität habe und auch wohl schwerlich erhalten dürfte, da das Auswendiglernen eines richtig verstandenen Textes für Kinder dieses Alters beim Religionsunterrichte sehr nützlich scheine; da es einmal viele Menschen gebe, welche glaubten, dass ohne Bekanntschaft mit dem Katechismus Lutheri kein gründlicher Religionsunterricht möglich sei, da es endlich doch auch nicht zu leugnen sei, dass in dem recht erklärten Katechismus viele treffliche Religionswahrheiten enthalten seien". — Der Unterricht in der lateinischen Sprache (11 St.) fieng mit dem Lesen und den grammatikalischen Uebungen im Decliniren und Conjugiren an und erstreckte sich bis zur Fertigkeit in den regulären und anomalischen Formen der Paradigmen und im Exponiren der leichtern Hälfte des Gedikischen lateinischen Lesebuchs und zur Bekanntschaft mit einigen Hauptregeln der Syntax, wie sie der dem Lesebuche angehängte kurze Auszug aus der Grammatik darbot. An die Erlernung der grammatischen Grundbegriffe und der ersten Paradigmen schloss sich sofort die Lectüre. Neben dem Lesebuche wurde noch der Eutropius mit einiger Rücksicht auf römische Geschichte gelesen. Zu den ersten Uebungen im Uebersetzen aus dem Deutschen ins Lateinische diente Muzelius verbesserter kleiner Trichter und der von Esmarch umgearbeitete Speccius. — Zu den Uebungen in der deutschen Sprache (3 St.) wurde theils die Lesung des Seilerschen Lesebuchs und einiger anderer Kinderschriften benutzt, theils wurden aus solchen kleine prosaische oder poetische Stücke auswendig gelernt und bald mit, bald ohne Action hergesagt. theils mitgetheilte Erzählungen in einer folgenden Stunde nacherzählt, theils kleine deutsche Aufsätze gemacht, welche in Erzählungen, in Beschreibungen sinnlicher Gegenstände, kleinen Briefen, monatlichen Tagebüchern, Rechnungen u. s. w. bestanden und in Rücksicht auf Orthographie und Grammatik beurtheilt wurden; jedoch war zu den orthographischen Uebungen noch eine besondere Stunde bestimmt. Ein des Wendischen kundiger Primaner gab ausserdem den Wenden in zwei ausserordentlichen Stunden die nöthige Nachhülfe. — In den Schreib- und Rechenstunden (zusammen 4) war die vierte Classe mit der dritten combinirt. In den letzteren wurden die Junkerschen Exempeltafeln gebraucht. Die schwächeren Schüler erhielten von dem Präfecten des Singechors, der sich so auf ein Landschullehramt vorbereitete, die erforderliche Nachhülfe. — In der naturhistorischen Stunde, die ebenfalls combinirt war, wurden nur allgemeine Eintheilungen bekannt gemacht und einige der merkwürdigsten Producte der drei Reiche unter Vorzeigung von Abbildungen durchgegangen. Zweck dieses Unterrichts war, die sinnliche Aufmerksamkeit der Kinder zu wecken, die ersten Keime des Beobachtungsgeistes zu nähren und ihr Gefühl für das Grosse und Schöne in der Natur zu bilden und sie so auch auf diesem Wege zu dem Schöpfer zu leiten. Mit der Naturgeschichte wechselte die Gesundheitslehre nach dem Faustischen Katechismus, der von dem Lehrer erklärt und sorgfältig wiederholt wurde. — In der Bürgerlection, welche Gedike selbst hielt, (1 St.) war Cl. IV ebenfalls mit Cl. III vereinigt; s. unten. — Die Gegenstände des geographischen Unterrichts (2 St.) waren im Sommer: allgemeine geographische Grundbegriffe, allgemeine Eintheilung der Erde, Meere, Verbindung der verschiedenen Erdtheile mit einander, generelle Beschaffenheit derselben in Vergleichung mit einander, Europa etwas specieller, jedoch auch nur kurz, bei jedem Lande ein oder zwei Hauptproducte; unter den Städten wurde nur die Hauptstadt und etwa noch eine durch die Handlung wichtige bemerkt. Deutschland am ausführlichsten, jedoch noch ohne specielle Kreiseintheilung. Zur Abwechselung wurden bisweilen merkwürdige Volkssitten mitgetheilt und geographische Reisen aus einem Welttheil in den andern gemacht. Im Winterhalbjahre wurde das Vaterland ausführlicher, die übrigen chursächsischen Lande etwas kürzer behandelt und dabei auch die Hauptveränderungen in der Geschichte derselben beiläufig mitbemerkt. Als Leitfaden diente der erste Grundriss der Geographie im Seilerschen Lesebuche. In der Geschichte (1 St.) wurden nach der allgemeinen Einleitung nach Schlözer die wichtigsten Begebenheiten, Völker und Männer der ältern und neuern Geschichte ausgehoben, in jener die Griechen und Römer, in dieser die Deutschen besonders berücksichtigt. Die Hauptfacta der alten Geschichte wurden in eine Tabelle nach Jahrtausenden, in der neuern nach halben Jahrtausenden eingetragen, und diese dann als Leitfaden bei der Repetition benutzt. Der Cursus betrug, wie bei der Geographie, ein Jahr.

Dritte Classe. Den Religionsunterricht (3 St.) hatte diese Classe gemeinschaftlich mit Cl. II. nach Rosenmüller. Die Glaubenssätze wurden ausführlicher entwickelt und die sittlichen Vorschriften noch genauer in der Anwendung aufs Leben dargestellt. Im Lateinischen (10, im Sommer 11 St.) wurde die Lectüre des Gedikischen Lesebuchs fortgesetzt; neben demselben wurden aber auch Phaedrus, die der Bröderschen Grammatik angehängten lectiones latinae und einige der leichteren Lebensbeschreibungen aus dem Nepos gelesen. Hauptsache war die Erwerbung grösserer Festigkeit in der Grammatik; deswegen wurde auch eine eigne Lection zur Erklärung einiger Capitel der eingeführten Bröderschen Grammatik gehalten. Die eigenen Arbeiten im Uebersetzen der gelesenen Stücke und die Exercitien wurden fortgesetzt; die letzteren wurden vorher durchgegangen, schwere Constructionen dabei entwickelt, auf das Unterscheidende des deutschen und lateinischen Ausdrucks aufmerksam gemacht, und auf die Regeln verwiesen. — Der griechische Unterricht (2 St.) wurde nach der Trendelenburgischen Grammatik (mit Beiseitelassung der Lennepschen Theorie von der Conjugation) ertheilt. Sobald die Paradigmen der regulären Conjugation und die Regeln von der Ableitung der Tempora eingeübt waren, wurden die leichteren Stücke aus dem Gedikischen Lesebuche übersetzt und dabei thunlichst auf den lateinischen Sprachgebrauch Rücksicht genommen. Ausdrücklich wird bemerkt, dass alle Schüler am griechischen Unterricht Theil nehmen mussten und Dispensation nur ausnahmsweise stattfand. — In der deutschen Sprache (3 St.) wurden die in der vierten Classe angefangenen Uebungen fortgesetzt. Bei den Aufsätzen wurde besondere Rücksicht auf das praktische Leben genommen; daher wurden hauptsächlich ausführlichere Briefe, Quittungen, Scheine, Contracte, Obligationen, genauere Beschreibungen, längere Erzählungen, Verwandlungen poetischer Erzählungen in prosaische u. s. w. aufgegeben. Auch die Grammatik trieb man hier sorgfältiger und setzte die Lese- und Declamationsübungen nach Thiemes Gutmann fort. — Die Naturgeschichte (1 St.), den Unterricht im Rechnen (2 St.) und Schreiben (1 St.) hatte Cl. III mit IV gemeinsam. Der Unterricht in den letzteren beiden Fächern hörte mit dieser Classe auf. — Für den Unterricht in der Geographie (2 St.) diente der zweite geographische Cursus im Seilerschen Lesebuche als Leitfaden. Im Sommerhalbjahre bestand das Pensum in der Wiederholung der allgemeinen Einleitung; dann wurden die fünf Erdtheile specieller nach den Hauptländern durchgenommen, besonders die Länder in auswärtigen Welttheilen bemerkt, in welchen europäische Colonieen lagen, auch die Handelswege nach Ost- und Westindien, die Routen der Weltumsegler und die durch den Wallfischfang, die Herings- und Perlenfischerei u. s. w. merkwürdigen Gegenden. Mit dem Vortrage wechselten geographische Reisen. Bei Europa wurde von jedem Lande mehr Statistisches angegeben, auch die allgemeine Eintheilung in Provinzen und in jeder die vorzüglichsten Städte mit Erwähnung der für die Jugend interessanten Merkwürdigkeiten. Mit der meisten Ausführlichkeit wurden die Kreise von Deutschland und dessen Nebenländer behandelt. Im Winterhalbjahre wurden die sächsischen Lande ausführlicher nach Kreisen und Städten, am ausführlichsten die Ober- und Niederlausitz durchgenommen, nachstdem die preussischen und österreichischen Lande. Dabei wurden auch die wichtigsten Begebenheiten in der Geschichte des Hauses Sachsen, Brandenburg und Oesterreich mit erwähnt. Bisweilen wurden Karten gezeichnet. In der Geschichte (2 St.) war das Pensum dieser Classe die dem Schröckhschen Lehrbuche voranstehende kurze Darstellung der Geschichte; es wurden die sechs Zeiträume der beiden Haupttheile der Geschichte nach Schröckh nach den Begebenheiten und Hauptpersonen, welche die Epochen fixierten, sowie nach allgemeinen chronologischen Angaben fest eingeprägt, weil darnach die Geschichte in den folgenden Classen gelehrt wurde. Der wichtigste Gesichtspunkt für den Lehrer war der moralische. — In der Bürgerlection (1 St.) wurde eine kurze Uebersicht der vorzüglichsten menschlichen Künste, Gewerbe und Lebensarten nach dem Junkerschen Handbuche oder auch der wichtigsten in den sächsischen Landen geltenden Gesetze nach dem Auszuge aus den sächsischen Gesetzen für die Jugend von Förster gegeben. — An die Stelle einer deutschen Stunde sollte später einiger Unterricht in anthropologischen Vorkenntnissen nach Campe und Funke treten. — Von den 27 Lectionen dieser Classe waren 13 combiniert. —

Zweite Classe. Religion (3 St.) s. Cl. III. — Im Lateinischen (14, im Sommer 13 St.) wurden gelesen: Gedikes Chrestomathie für mittlere Classen, Iustin, Cäsar, Cornel abwechselnd und die leichtesten Fabeln aus Ovids Metamorphosen. Statarische und cursorische Lectüre wurden mit einander vereinigt, die Kenntnis der Grammatik in Theorie und Praxis erweitert und das Gelernte immer mehr zur Fertigkeit gebracht. Die wöchentlichen Exercitia waren theils Uebersetzungen eines lehrreichen deutschen Textes, theils von den Schülern selbst gebildete Sätze, zu welchen der Lehrer die Ma-

terie und die wichtigsten Wörter gab. Eine besondere Stunde war für Prosodie angesetzt, um auf die Lectüre der Dichter vorzubereiten. — Im Griechischen (2, im Sommer
3 St.) wurde die Lectüre des Gedikischen Lesebuchs fortgesetzt und der gelesene Text
genau analysiert, da eine feste Grundlage grammatischer Vorkenntnisse als Hauptsache
betrachtet wurde. — Dem erweiterten naturhistorischen und physikalischen Unterrichte
(2 St.) war Hofmanns Unterricht von natürlichen Dingen nach der Umarbeitung von
Nicolai zu Grunde gelegt. Gedike berichtet, dass er diese Lection erst, besonders mit
Rücksicht auf die künftigen Landschullehrer, eingeführt habe. — Eine Stunde war zu
mathematischen Vorkenntnissen in der Geometrie (Definitionen und Kunstwörter, praktische
Aufgaben von Entfernungen, Höhen, Aufnahmen, Berechnung der Flächen und Körper)
bestimmt; kunstmässige Beweise wurden nicht geführt, hingegen die Schüler durch Exempel geübt. Der Cursus umfasste ein Jahr. — Der geographische Unterricht (2 St.) wurde
nach Fabris kurzem Abriss im Wesentlichen wie in Cl. III. ertheilt, doch wurden die
statistischen Notizen erweitert; Topographie aber blieb Hauptsache. Der Lehrer richtete
sich hauptsächlich nach dem zweiten Cursus der Geographie von Gaspari. Wie bei der
Erklärung der Classiker wurde auch hier Rücksicht auf alte Geographie genommen, zu
welchem Zweck die sechs Landkarten der alten Geographie, deren Herausgabe die Akademie der Wissenschaften in Berlin besorgt hatte, angeschafft worden waren. — In der
Geschichte (2 St.) wurden die Perioden nach Schröckh ausführlicher als in der dritten
Classe mit Wiederholung des Bekannten durchgegangen. Um Verwirrung zu vermeiden,
trug der betreffende Lehrer die Geschichte eines merkwürdigen Volkes im Zusammenhang vor, ohne jedoch die synchronistische Uebersicht ausser Acht zu lassen. Der Cursus dauerte 1½ Jahr, wovon ½ auf die alte und 1 auf die neuere Geschichte gerechnet
war. — Die Uebungen im deutschen Stil und Declamieren (1 St.) wurden wie in Cl. III,
jedoch mit Rücksicht auf den erweiterten Ideenkreis und die erlangte grössere Fertigkeit
im Schreiben, fortgesetzt. Bei der Correctur der Arbeiten wurde vorzüglich auf grammatische Correctheit, weniger auf Eleganz des Ausdrucks gesehen. — Gewöhnlich blieb
ein Schüler zwei Jahre in dieser Classe, doch wurden die bessern auch eher versetzt. —
Der gesammte Unterricht wurde von vier Lehrern ertheilt. —

Erste Classe. 1. Oeffentliche Lectionen, in denen alle drei Abtheilungen
vereinigt waren.

Der Religionsunterricht wurde in 2 St. w., und zwar von Gedike selbst ertheilt.
Er fieng mit allgemeinen Betrachtungen über Religion, ihren Unterschied, Offenbarung,
die christliche besonders, Darstellung der Beweise für die Echtheit und Göttlichkeit derselben und Untersuchungen über die Bibel an, dann folgte die Glaubenslehre und auf
sie die Sittenlehre. Der Cursus war auf 2½ Jahr berechnet. Als Leitfaden diente das
Rosenmüllersche Lehrbuch. In Betreff der Methode sagt Gedike, dass sein Vortrag nicht
ein ununterbrochen zusammenhängender, sondern, so weit es die Materie zulasse, Unter-
haltung mit den Schülern sei, um sie zum eignen Nachdenken zu gewöhnen. Im Anfange
einer jeden Lehrstunde werde summarisch der Inhalt der vorigen wiederholt, eben so
am Ende eines Hauptabschnitts. Mit ziemlicher Ausführlichkeit behandle er die Einleitung, weil es vorzüglich Pflicht eines Religionslehrers der Jugend sei, die jungen Ge-
müther fest von der Wahrheit der christlichen Religion zu überzeugen und sie gegen so
manche gefährliche Versuchungen der Zweifelsucht, des Religionsindifferentismus und

des trostlosen Unglaubens zu sichern. Hauptziel bei diesem wichtigen Unterrichte sei für ihn, die Jugend so zu leiten, dass sie mit wahrer, inniger Ueberzeugung die Religion Jesu schätze und liebgewinne und ihre Kraft und ihren Einfluss auf Vervollkommnung und wahre Glückseligkeit des Menschen erkennen möge. Die Frage, ob etwas orthodox oder heterodox sei, komme hier nicht in Betracht. Was nach reiflicher Untersuchung ihm selbst als wahr eingeleuchtet oder das Resultat des Nachdenkens der gründlichsten Wahrheitsforscher sei, theile er seinen Schülern unverhohlen mit nebst den Gründen für diese Meinung, ohne jedoch bei wichtigen Sätzen die Meinung der Andersdenkenden zu verschweigen. Wo seine eigne Ueberzeugung noch nicht aufs Reine gebracht, theile er wenigstens die unter den Christen herrschenden verschiedenen Vorstellungsarten mit. In der christlichen Glaubenslehre wurde bei wichtigen Materien das Wichtigste aus der Dogmengeschichte bemerkt, jedoch alles vermieden, was in das Gebiet der gelehrten Theologie gehörte, auch von jedem Glaubenssatze die praktische Anwendung gezeigt. Die biblischen Beweisstellen wurden meist im Grundtext nachgeschlagen und exegetisch durchgegangen. In der christlichen Sittenlehre wurden die Pflichten am ausführlichsten behandelt, welche für das Alter der Schüler und die Verhältnisse passten, in welche dieselben dereinst kommen könnten. Verbindung dessen, was gesunde Moralphilosophie und noch vollkommener das Christenthum lehrte, war hierbei Hauptzweck; weniger subtile Erörterung aller Pflichten, als deutliche und herzliche Darstellung der Wahrheiten von der Seite ihres praktischen Einflusses und ihrer beglückenden Folgen. — Im Lateinischen (5 St.) wurden in der statarischen Lectüre abwechselnd gelesen: Cicer. officia, de natura Deorum, Reden und epist. ad diversos, ingleichen Horat. od. und epod., Verg. Georg. und die in der Döringschen Chrestomathie enthaltenen Stücke aus andern lat. Dichtern. Von Zeit zu Zeit wurde eine Stunde zur Erklärung einiger Capitel aus den Schellerschen praeceptis stili angewandt; in einer andern wurden wöchentlich praktische Uebungen des Stils mit dem ganzen Coetus vorgenommen, wobei die Unter- und Mittelprimaner dictierte deutsche Themata, die Oberprimaner aber kleine freie Aufsätze über einen angegebenen Stoff ausarbeiteten, die theils privatim, theils öffentlich vom Lehrer verbessert und beurtheilt wurden. — Von griechischen Autoren wurden in 2 St. abwechselnd gelesen: Homers Ilias und Odyssee, Xenophons Cyropädie und die Memorabilien des Socrates und die Schüler dabei mit den Eigenthümlichkeiten des griechischen Sprachgenius und den Dialekten bekannt gemacht. Das neue Testament (die Evangelien, Apostelgeschichte und einige der leichteren Briefe) wurde ausserdem wöchentlich in einer Stunde cursorisch gelesen. — Im Hebräischen (2 St.) wurden nach den ersten Lese- und grammatischen Uebungen, bei denen die Grammatik von Güte zu Grunde gelegt war, sogleich leichte Capitel aus den historischen Büchern des A. T. gelesen, welchen dann schwerere Psalmen folgten. Bei der Erklärung des Textes wurde die Grammatik vorzüglich geübt, auch zur Vorbereitung für die Theologie der Geist der hebräischen Sprache bemerklich gemacht. Von Zeit zu Zeit ertheilte der Lehrer der hebr. Sprache den Anfängern unentgeldlich Privatunterricht, damit sie in den öffentlichen Lectionen besser mit fortkommen könnten. — Der propädeutische Unterricht in der Philosophie erstreckte sich in einem anderthalbjährigen Cursus über die Moral, Erfahrungsseelenlehre und Logik. Der Seelenlehre wurde eine kurze Beschreibung des Körpers und besonders der fünf sinnlichen Werkzeuge vorausgeschickt. Im Jahre 1796 war derselben eine Theorie der verschiedenen Dichtungsarten mit einer kurzen Literärgeschichte eingeschaltet worden. — Die Geschichte der Philosophie wurde nicht in einer besondern Lection vorgetragen, sondern gelegentlich bei der Lection der philosophischen Schriften Cicero's oder bei der Geschichte, zum Theil auch bei dem oben erwähnten philosophischen Cursus behandelt. Doch sollte später eine besondere Lection hierüber für die Oberprima eingerichtet werden. — In den (2) mathematischen Stunden wurden Arithmetik und Geometrie ausführlicher und mit den gewöhnlichen Beweisen nach mathematischer Lehrart vorgetragen. Darauf folgten die Theile der angewandten Mathematik, jedoch so dass einige, z. B. Astronomie, Chronologie und (mathematische?) Geographie, etwas ausführlicher erklärt, von den übrigen nur Kunstausdrücke und allgemeine Sätze vorgetragen wurden. Die Geometrie wurde in zwei Jahren einmal gelehrt. Trigonometrie und Algebra wurden, wenn sich eine hinreichende Zahl zusammenfand. besonders erklärt, auch wurde gewöhnlich im Winter die Physik privatim gelehrt. — In der Geschichte (2, im S. 3 St.) wurde der Vortrag über das Schröckhsche Lehrbuch nach synchronistischer Ordnung in einem Cursus von 2½—3 Jahren noch mehr erweitert. Der neuren Geschichte wurde die meiste Zeit gewidmet, besonders der neusten. Hauptsache waren die historischen Facta, doch wurde überall auf den Zusammenhang der Begebenheiten, auf Grund und Folgen aufmerksam gemacht und zu einem pragmatischen Studium der Geschichte angeleitet. So weit es die Zeit erlaubte, wurde einem jeden Zeitraume die Geschichte der Wissenschaften und Künste und Religion beigefügt. die Reformationsgeschichte mit grösserer Ausführlichkeit. Die chronologischen Tabellen wurden von den Schülern selbst bald lateinisch bald deutsch erweitert. Die Geschichte der chursächsischen Lande sollte im Sommer in einer besondern Stunde behandelt werden. Römische Alterthümer wurden in einer besondern Lection vorgetragen; damit wechselte Literaturgeschichte der Griechen und Römer im kurzen Grundrisse. —

II. Die Privatlectionen. A Unterprima. 3 St. cursorische Lectüre eines Classikers (abwechselnd Terent., Ovid. und Sallust. 1 St Correctur lateinischer Exercitien. die zu Haus ausgearbeitet worden waren; 1 St. Lectüre eines griechischen Schriftstellers (Aelian oder Isocrates); 1 St. deutsche Stil- und Declamationsübungen; 2 St. Geographie, wobei besonders der Umfang des Statistischen erweitert und von Europa Griechenland und Italien mit sorgfältiger Vergleichung des alten und neuen Zustandes ausführlicher durchgegangen wurden.

B. In der Mittelprima wurde ebenfalls in 3 St. ein lateinischer Classiker gelesen (die ersten Bücher der Aeneide, Livius, Plinii epistolae), die Stilübungen wurden fortgesetzt, im Griechischen wurden Heinzelmanns Lesebuch und die publice nicht erklärten Stücke der Cyropädie gelesen. Die deutschen Aufsätze waren schon meist räsonnierend, weniger historisch. In der Geographie wurden die übrigen europäischen Länder durchgegangen.

C. Die Oberprimaner lasen in 3 St. einige der folgenden Bücher der Aeneide oder die Briefe und Sermonen des Horaz, von Prosaikern den Sueton. des Plinius Panegyricus und ausgehobene Stücke aus des Tacitus Annalen (die Historiker meist cursorisch); die Interpretation war lateinisch und die Schüler mussten lateinisch antworten. Im Griechischen las man abwechselnd Biographien des Plutarch, Theocrits Idyllen, einige Platonische Dialoge und Stücke der Dramatiker. Die lateinischen Arbeiten bestanden theils aus längern und schwereren Uebersetzungen aus dem Deutschen, die wöchentlich geliefert wurden, theils aus monatlichen ausführlicheren Abhandlungen über aufgegebene Themata. Die Themata wurden, wie bei den deutschen Arbeiten, meist aus den Lectionen, besonders der historischen, theologischen und antiquarischen gewählt. In Betreff der freien Arbeiten hatte Gedike die Einrichtung getroffen, dass sich die Schüler dieselben gegenseitig selbst censierten, ehe er sie corrigierte. In der deutschen Stunde wechselten ausserdem Declamieren und Lesen (auch von Scenen aus den besten Schauspielen) mit einander; bisweilen wurden auch, wie unter Behrnauer, von einzelnen Schülern ausserordentlich ausgearbeitete Reden in deutscher und lateinischer Sprache gehalten und dann recensiert. Eine geographisch-statistische Stunde wurde theils zur Repetition des früher Erlernten, theils zu Unterhaltungen über die neuste Zeitgeschichte nach den Zeitungen, theils zur Bekanntmachung der neusten Erscheinungen in der historischen und geographischen Literatur benutzt. In der achten Stunde war die Geschichte der römischen Literatur nach dem Wolfschen Grundrisse vorgetragen, auch einmal der historische Theil der Lippertschen Daktyliothek erläutert worden. Später wollte sie Gedike auch zur Geschichte der alten Philosophie oder der griechischen Literatur oder einer zusammenhängenden Lection über alte Geographie verwenden. —

In allen drei Abtheilungen wurden auch als Uebungen des Privatfleisses Uebersetzungen von solchen Autoren geliefert, die nicht in der Schule gelesen wurden; in Oberprima wurden dazu Quinctilian, Seneca und Tacitus besonders verwendet; auch wurde hier dann und wann ein Versuch im lateinischen Interpretieren horazischer Oden gewagt. —

Ausser diesen öffentlichen und privaten Lectionen wurde, wenn nicht in die Woche ein Feiertag fiel, um dessen willen die Lectionen ausgesetzt werden mussten, jeden Freitag statt des noch 1778 üblichen Kirchenbesuchs eine besondere Andacht gehalten. Zu derselben versammelten sich die beiden obern Classen im obern Hörsaale, die beiden untern im untern. Die vier obern Lehrer hielten wechselsweise für die beiden ersten Classen, nachdem ein Lied aus dem eingeführten Niemeierschen Gesangbuch gesungen war, einen Vortrag über irgend eine religiöse Wahrheit, entweder aus der Glaubens- oder Sittenlehre, meistentheils aus ganz specieller Schülermoral, wozu bisweilen besondere Bedürfnisse der Zeit und des Orts oder einzelne Vorfälle die nähere Veranlassung darboten. Auch nothwendige öffentliche Anzeigen von gewissen Einrichtungen und Gesetzen gehörten mit für diese Stunde, um desto mehr einen übereinstimmenden guten Ton unter den Schülern zu wecken. Die beiden untern Classen wurden unterdessen von einem der beiden untern Lehrer katechetisch unterrichtet.

Endlich wurden diejenigen, welche sich zum Landschuldienste vorbereiten wollten, von Gedike in einer ausserordentlichen Stunde wöch. über die nothwendigen Erfordernisse einer nützlichen Amtsführung des Landschullehrers nach den Anweisungen von Rochow, Rist und Schlez unterrichtet und in einer andern mit Zuziehung einiger Kinder aus dem Waisenhause angeleitet, sich im guten Katechisieren über die Bibel, besonders die Sonntagsevangelien und den Rochowschen Kinderfreund zu üben. Auch machten sie Ausarbeitungen von solcher Art, wie sie in dem Geschäftskreise eines Landschullehrers vorzukommen pflegten. Der Conrector erklärte eben denselben in einer Stunde den lutherischen Katechismus und übte sie in einer andern in katechetischen Versuchen über denselben.

Dies war die Lehrverfassung des hiesigen Gymnasiums unter Gedike und wie schon erwähnt auch unter seinem Nachfolger Siebelis bis zum Jahre 1835. Was an derselben mangelhaft war, hat ein dankbarer Schüler des Gymnasiums, der 1864 verstorbene Stadtrath Klien in der Anm. 2 des vor. Progr. erwähnten Rede S. 14. 15. in folgenden Worten zusammengefasst: „Irre ich nicht, so gebrach es, selbst bei dem classischen Unterrichte, an einem durchgreifenden Plane, der gleichmässig von Stufe zu Stufe führt, wenigstens wurde nicht in jeder Classe das geleistet, was von ihr zu erwarten stand, wobei nicht unerwähnt bleiben kann, wie sehr es damals noch an guten Hülfsmitteln fehlte, — ich gedenke nur der Fortschritte in den letzten Decennien in grammatikalischer und lexikalischer Hinsicht, — die jetzt dem Lehrer, wie dem Schüler, reichlich und billig geboten werden. In der Mathematik wurde wenig geleistet; es gab ferner keine Gelegenheit, neuere Sprachen zu erlernen; Logik und Rhetorik, soweit diese in den Gymnasialunterricht gehören, waren nur dürftig bedacht; von deutscher Literatur hörte man gar nichts und selbst der Muttersprache wurde die verdiente Aufmerksamkeit entzogen. Hierzu kam, dass die Anstalt nur vier Classen zählte und daher der nöthigen Abstufungen ermangelte; denn während Quarta und Tertia kaum mehr leisteten, als man von einem guten Progymnasium fordern kann, bestand nur in der Secunda ein Mittelglied, indem Prima, in welcher die Schüler drei verschiedener Abstufungen, Unter- Mittel- und Oberprima, welche zu Zeiten der grössten Frequenz hundert und mehr Schüler zählten, eine Classe bildete, die den öffentlichen und Hauptunterricht gemeinschaftlich genoss, wogegen nur der Privatunterricht jeder dieser drei Abtheilungen je von dem Rector, Conrector und Subrector ertheilt wurde. Die das Gedeihen des Unterrichts höchst benachtheiligende Folge davon war, dass, wenn auch die jungen Leute aus den untern Classen tüchtig vorbereitet nach Prima gelangten, der redlichste und gewandteste Lehrer den Schülern dreier Abtheilungen von ganz verschiedener Reife fast in keiner Disciplin so nützlich werden konnte, als wenn jede Abtheilung nach ihren Kräften behandelt worden wäre, und es konnte nicht fehlen, dass, während die Unterprimaner wenigstens im ersten Semester gewöhnlich nur ins Schlepptau genommen werden mussten, der Lehrer sich mit ihnen allein, ohne die höheren Abtheilungen zu langweilen und zu benachtheiligen, nicht zu beschäftigen vermochte, zu geschweigen, dass es kaum möglich war, einen solchen Cötus geistig im Zaum zu erhalten, ihn vielseitig zu bearbeiten und strenge Disciplin zu halten. Sonach war es ganz natürlich, dass im Ganzen nicht geleistet wurde, was unter andern Verhältnissen mit weniger Kraftanstrengung hätte geleistet werden können."

Das Gregoriusfest.

„Es ist das Gregorianische Schulfest zu keinem andern Ende von unsern lieben Vorfahren recipirt und angestellet worden, als dass man Gott dem Herrn, als dem Obersten Schul-Patron vor seine grosse Gnade und Güte herzlich danke, indem er bishero die Schulen, als die Grund-Feste des gemeinen Wohlstandes erhalten hat; und dass man Ihn demüthig ersuche, damit er dieselbige ferner unter seinem Gnaden-Schutz in Fried und Ruhe erhalten, und die saure und tägliche Arbeit der Schul-Lehrer zu der theuer anvertrauten Schul-Jugend Besten segnen wolle."

Programm von 1706.

Diejenigen, welche in dem ersten Viertel dieses Jahrhunderts Schüler des hiesigen Gymnasiums waren, werden sich noch erinnern, dass in der Woche nach Cantate, später in der Pfingstwoche, der Schülerchor, welcher in den spätern Nachmittagsstunden häufig durch diejenigen verstärkt war, so einen besondern Appetit nach den Kümmelbrödchen und dem Bier im Domstift verspürten, singend durch die Strassen der Stadt und Vorstädte von Haus zu Haus zog, auch wohl den zur Stadt gehörigen Dörfern einen Besuch abstattete, und dass dabei in einer verschlossnen Büchse milde Gaben für das Lehrercollegium eingesammelt wurden. Dies waren die letzten Ueberreste des einst so berühmten Gregoriusfestes*), das besonders im siebzehnten Jahrhundert das Interesse der Lehrer und Schüler im hohen Grade in Anspruch nahm. Die erste Erwähnung dieser Feier habe ich in Techells Chronik III S. 257 gefunden, wo erzählt wird, dass die „Schul-Collegen am 29 März 1628 das gregorianische Fest, den andern Abend darauf aber ihr Convivium gehalten, wozu auch der Bürgermeister Winkler und mehrere Rathsmitglieder erschienen, und der Rath einen halben Eimer Wein geschenkt habe". Ferner wird der Sache in Fechners Bestallung gedacht s. vor. Pr. A. 15. Seinen Höhepunkt erreichte das Fest unter Theill und Rosenberg. Der erstere hat uns über die Feier eigenhändige Aufzeichnungen hinterlassen; aus der Zeit seiner Nachfolger bis 1716 haben sich zahlreiche Programme, jedes von 2 Blättern fol., erhalten. Ich lasse nun zunächst Theills lateinische Berichte und dann die Titel aller Programme folgen, welche ich aufgefunden habe; zwei besondere charakteristische habe ich vollständig abdrucken lassen, und überlasse es dem geneigten Leser sich aus alle dem eine Vorstellung von der Festfeier zu bilden.

1642. XXVI. Martii celebratum est festum Gregorianum ex indultu Amplissimi senatus, huic etiam scholae evangelicae peculiare, per duos fere integros dies. Introducti sunt septem Planetae, hoc ordine: Saturnus praecedebat seculam (eine Sense) in altera, in altera manu puerum effictum, eundem identidem manducaturus ori admovens, gestans. Hunc sequebatur Iuppiter tricuspide fulmine et coronatus. Tum Mars galea, thorace et caligis ferreis indutus feroculo incedens rhombaeam ancipitem manu vibrabat, quem armiger scutum ferens et nudum gladium praecedebat. Hos sequutus fuit Sol aurea et flammante facie in curru vectus. Cuius currum insequebatur Cupido argenteis catenis tres Gratias constrictas et colligatas tenens, ipse pharetra et arcu nudus incedebat. Pone Venus cor rubrum et sagittam ostentans. Tandem alatus Mercurius cum virga et Luna albis bombycinis sive Attalicis vestibus induta dimidiam Lunam colore argenteo pro insigni gerens. Et hunc apparatum praecedebant ornatissima iuventus in equis phaleratis. Insignia vero illa comparabantur ex fisco collectarum.

1643. Instituebatur X. Martii post Dom. Oculi et continuabatur sequentibus duobus diebus propter saepius incidentem aërem pluvium et nivosum. Introducebantur quatuor partes anni in duobus curribus. Ver sive Venus, quam praecedebant tres virgines et puer pharetratus, ipsa in manu gestabat manipulum variorum florum: post hanc sedebat Aestas sive Ceres, cui ad latus utrumque adiuncti erant rusticus sive foeniseca et rustica cum rastris; ipsa vero spicis deauratis caput cincta erat, et pone duo mergites hordeacei. In altero curru sedebant Bacchus et Aeolus sive Hiems. Illius anteambulones erant duo pueri viridibus coronis caput cincti, alter gestans poculum capacissimum, quod identidem deplebat Bacchus in orca sedens, eque regione ipsius duo fustes cretati, quibus innexi erant pampini et uvae e cera artificiose praeparati. Huius vero stipatores erant duo in morem rusticorum Venedorum vestiti, alter ignitabulum sive foculum gestans prunas candentes continentem, alter follem, quo illas sufflabat, ut subinde

---

*) Wer sich genauer über den Ursprung und die Verbreitung dieses Festes unterrichten will, lese die gründliche Abhandlung von Dr. H. Knothe „zur Geschichte der Feier des Gregoriusfestes in der Oberlausitz" in dem neuen lausitzischen Magazin XXXIX S. 45 ff. Für das hiesige Gymnasium hat derselbe einen Aufsatz in der Lausitzer Monatsschrift von 1795 benutzt. Durch die folgenden Mittheilungen wird — hoffe Ich — im Einzelnen noch manches berichtigt werden. Das Programm zu dem von Knothe S. 57 beschriebenen Aufzug im Jahre 1685 findet sich hier bei Platz XVII.

Aeolus excalfieret, qui magno stridore dentium frigus simulare norat. In manu ipse gestabat baculum crassum et frena ventis moderandis. Praecedebant iterum equites insignibus vestibus exornati. Apparatus ex collectis persolutus est.

1644. Institutum fuit XXVII. Aprilis die Mercurii post Dom. Cantate et continuabatur sequenti die Iovis coelo admodum sudo et sereno. Introducebatur antiqua illa veritas plures et illustres heroas a feminis fuisse seductos atque deceptos, iuxta illum versum

Adam, Samsonem, Davidem, Lot, Salomonem

Femina decepit, quis modo tutus erit?

qui in umbone quodam literis aureis magnis depictus a puero octenni equitante brachio appenso praeferebatur. Sequebantur in curru uno sedentes Adam et Heva nudi, Samson cum maxilla asinina, cui superiori de loco Delila forpicem, funiculos atque paxillos intentabat. Curru altero sedebat Lotus cum duabus filiabus poculum aureum et phialam gestantibus parenti seniori propinaturis. Currus sequebantur David indutus stola rubra sive coccinea, gestans coronam atque citharam, equitans, cui a dextris equitabat Bathseba: demum Salomon et ipse eques cum corona et sceptro, quem medium duae equitantes cingebant reginae, splendidissimis vestibus atque preciosissimis monilibus exornatae. Omnis autem apparatus, exceptis illis ornamentis, quae mutuo sumi poterant, ex collecta pecunia, quae tamen reditus superiorum annorum nondum attingebat, persolvebatur.

1645. Celebratum fuit fest. schol. Greg. d. XXIII. et XXIV. Martii praepridie Annunciationis Mariae, coelo nimirum nubilo, turbido et ventoso, quod tamen a meridie tranquillabatur. Introducti fuere quatuor magnorum regnorum monarchae, equis insidentes egregie ornatis, singulis praemittebantur scuta rotunda et oblonga, in quibus insignia apud Danielem exstantia depicta erant, et gestabantur a pueris equitantibus. Hos sequebantur septem elegantissime vestiti iuvenes in habitu virginum, Fortitudo habitu Palladis lanceam et scutum gestans praecedebat, hanc sequebatur Iustitia coronato capite ensem et libram gerens, deinde Charitas praemissis duobus puerulis veste lintea coloris corporei amictis, post Prudentia cum speculo, agmen claudebat Patientia cum agno artificioso, cuius dextrum latus tegebat Fides cum imagine Christi crucifixi, sinistrum Spes cum aurora. In curru sedebant tres Iuvenes repraesentantes illud emblema, Dolus et Pecunia capiunt Sapientiam.

1646. Die Mercurii XXV. Maii post festum Pentecostes celebravimus iterum festum schol. Greg. per biduum coelo maxime sudo et sereno. Introductus fuit ordo trium statuum humanae societatis, politici nempe, ecclesiastici et oeconomici. Totum actum praecedebat Mercurius alatus et galeatus et caduceatus. Politicum praecedebat Iustitia, deinde Rex corona et sceptro, quem a dextris consiliarius togatus, a sinistris miles lancea horribilis cingebant, ab utroque latere et extra satellites. Ecclesiasticum ducebant tres virtutes theologicae Fides, Spes et Charitas, albis vestimentis virginalibus indutae; sequebatur Pastor habitu evangelico, cinctus Paulo apostolo a dextra, Mose cum tabulis a sinistra. Inde civis cum uxore, servis et ancillis. Emblema Mercurius gestabat tale:

Ecce Magistratus, Sanctae Ecclesiaeque Ministros,

Matres atque Patres dat schola nostra Tibi.

1647. Quum memoria incendii Budissini per tres dies iterum esset repetita, et absolutae actiones sacrae, sequenti die Iovis, quae erat nona Maii, celebratum fuit festum Greg. absque conquisitiori pompa aut apparatu theatrico, nisi quod Episcopus in vestibus sacris et equo insidens cum insignibus ante equitatum introduceretur.

1648. Instituta quidem fuerat celebratio festi schol. Greg. iuxta morem veterem in septimana Oculi, sed quia ea tota ferme esset tempestuosa et nivosa, coactus fuit coetus exspectare sudius coelum in hebdomade sequente Laetare, quod demum apparuit die Veneris XXVII. Martii, quo ipso et soquenti die celebravimus intra et extra urbem. Apparatus theatricus arbitrio discipulorum fuit relictus, quorum aliqui personas ex dramate Frischlini, cui nomen Hildegardis magna, repraesentarunt, cui actui etiam insertus fuit Episcopus. NB. Couvivio solenni nullus quinque Inspectorum interfuit.

1649. Celebratum fuit festum Greg. d. VI. et VII. Maii, feria quinta et sexta in hebdomade Cantate, intra et extra urbem. Apparatus theatricus iterum a discipulis fuit excogitatus,

repraesentantibus Martem et Pacem cum suis asseclis. — Nullus ex quatuor Ecclesiae Ministris
convivio nostro adfuit, quod aegerrime tulerunt Dnn. Coss., sed horum loco ingruente vespera
advenerunt tres feminae primariae, maritos suos domum deductarae.
    1650. Celebratio festi Greg. facta est die XXVII. Aprilis feria quarta post Dominicam
Quasimodogeniti absque ullo accessorio aut apparatu theatrico, itemque unico die illo omnia
intra et extra urbem fuerunt obita. Convivium celebratum fuit die altero. Senatus ad id obtulit dimidiam vini amphoram, et civis quidam cerevisiam sapidam precio floreni.
    1652. Die XIII. et XIV. Martii feria quarta et quinta celebratum fuit splendido et
prolixo apparatu comoedico sive theatrico, qui exhibebat 1, quatuor partes orbis, 2, tres virtutes, Fidem, Spem et Charitatem, 3, principes potissimos Romani imperii, inter quos pax
ferruminata fuit, 4, Mercurium equitantem, qui Martem et Invidiam catenis ligatos post se tra-
hebat. Convivium celebrabatur feria sexta vesperi. Senatus obtulit dimidiam vini optimi amphoram.
    1653. In septimana Oculi feria quarta et quinta prolixo et admirabili apparatu ce-
lebraverunt nostri discipuli festum schol. Greg. hoc modo: In fronte equitabat Mercurius alatus,
sequebatur Labor cum ligone et palle vaccae indutus, dein septem artes liberales forma virginum cum insignibus appropriatis. Post has Prudentia et tres facultates superiores, omnes
pedites. Hinc in equo Perseus alatus, quem sequebatur Eloquentia et devicta Pieris in forma
avis, duoque sacerdotes bovem vivum ducentes, cum secari alter, alter cum acerra. Hinc tres
Charites, unum sertum gestantes, omnes iterum pedites. Pallas vero et Ratio curru vehebantur.
Denique Fama cum tuba et Aeternitas. — Convivium celebrabatur feria quinta ad vesperam.
Senatus offerebat dimidiam vini amphoram et sex cantharos.
    1655. Die XI. Martii in septimana Laetare celebravimus fest. schol. Greg. apparatu
insigni et maxime prolixo. Aderant tres Parcae, aderant Iuno, Minerva et Venus cum Cupidine
pharetrato, aderant Aeneas cum Anchise, Goliath cum Davide, Orpheus cum Eurydice. Curru
plerique vecti, ut et Paris cum Helena, itemque quinque Musici, ex quibus tres habitu virginum
erant induti. Sequebatur Pontifex equo vectus cum quinque Cardinalibus peditibus. Hos sequebantur . . . . . . cum tympano et tribuno, antecedentem Imperatorem Romanum et septem
Electores, quibus singulis praeferebantur sua insignia. Hos omnes sequebatur turma equitum,
quos ducebat discipulus habitu Polonico. — Convivium celebrabatur feria sexta. Senatus obtulit dimidiam vini amphoram, M. Schaller Inspector scholae et Ioh. Lehmann singuli dimidiam
tonnam cerevisiae, cuius pretium est Imperialis cum dimidio.
    1656. Die XXIX. Martii in septimana Laetare iterum celebrabatur festum scholasticum
tempestate non adeo horrida, et cum operoso apparatu. Praeprimis ornabant equitatum XII
Imperatores Romani in habitu Romano et quinque deinde curribus repraesentabantur 1, Pax
et Mars, 2, tres Deae montis Idae cum suo Paride et Cupidine, 3, quatuor Elementa, 4, Samson
cum Delila et Holofernes cum Iuditha, 5, Lotus cum filiabus duabus, et reliqua plura. Convivium celebratum fuit die sequente.
    Ao. 1657 propter luctum publicum demortui Electoris Saxoniae festum Gregorii
non fuit celebratum.
    1658. Die III. Aprilis in septimana Laetare celebratum fuit festum Greg. magna cum
pompa, sed infelici fato (a quo in posterum discipulos nostros Deus summus clementissime
prohibeat) quum a refractariis caballis duo pueri curru excussi graviter laederentur et alteri
crus sinistrum aliquantum confringeretur. Repraesentabantur pedites, tres Patriarchae, Moses
et Aaron, Democritus et Heraclitus: in equis quatuor partes orbis, singulae per ternas aut
senas personas in convenienti horum populorum et consueto habitu: Alexander Magnus, quem
sequebatur in curru Darius rex a Besso vinctus, coniux et filiae duae Darii: itemque tres
Gratiae cum Cupidine, septemque Virtutes curribus duobus vectae. — Reditus fuerunt satis te-
nues pro tanto apparatu, ideoque etiam solenne convivium fuit intermissum, praesertim quum et
quintus Collega accessisset.
    1659. Fest. Greg. propter luctum publicum ex obitu Electorissae iterum intermissum fuit.
    1660. Celebratio fest. Greg. facta est die III. Martii sequenti processu. Primo in
curru sedebat personatus senex, dextra Solem, sinistra horologium tenens, ad figurandum Magistratum. Deinde Monarchae tres trium priorum, et quartae itidem tres Iulius Caesar in medio,

a dextra Constantinus M., a sinistra Carolus M. singuli cum insignibus consuetis. Post sequebantur Mercurius et Apollo pedites, Iuppiter corru vectus et in alio curru Iuno, Pallas et Venus cum Cupidine. Hinc Mars cum satellitibus, Neptunus duabus nymphis, Aeolo, Nereo et Proteo stipatus. Iterum curru vectae Diana, Ceres et Vesta: ad latus Dianae equitabat Actaeon canes venaticos ducens: Cererem pedestres sequebantur tres puellae rusticae cum falcibus. In tertio curru Dearum erant Victoria, Bellona et Eris. Has sequebantur Vulcanus cum fabris et Saturnus, Bacchus in dolio sedens et curru vectus, comitatus thyrsigeris. Agmen clausit Pluto trahens Cerberum, Proserpina et tres Furiae. Agmen clauserunt equites.

Von der Feier im J. 1661, 1662, 1663, 1665, 1666, 1667, 1668, 1669, 1670, 1672 fehlen die Beschreibungen, da die in die Annalen eingehefteten Programme verloren gegangen sind, 1671 und 73 fiel sie aus.

1674. Feria quinta et sexta septimanae post Dom. Iubilate d. XIX. et XX. Aprilis celebrabatur fest. Greg. et repraesentabatur concordia inter Anglos et Batavos stabilita, addebantur quoque tres status, oeconomicus nempe, politicus et ecclesiasticus etc. Feria sexta circa vesperam habebatur convivium, cui senatus donavit dimidiam vini optimi amphoram.

1675. Feria quarta et quinta septimanae post Dom. Cantate die XV. et XVI. Maii celebratum fuit fest. Greg. absque ullo (ita consente et iubente Senatu) apparatu: concedere quidem volebant labarum sive vexillum, sed absque ullo equitatu, sed quia nemo ex discipulis grandioribus ita solus vellet incedere, istud quoque intermissum fuit, uti et convivium solenne. Incedebamus itaque cum non adeo prolixo coetu cantantes hymnos eucharisticos per omnes plateas, cumque hoc spatio duarum horarum absolveretur, postea chorus symphoniacus more consueto in domibus motetas cantabant. Et hoc die intra urbem, sequenti extra. — Nullus puerorum, Deo sit gratia et gloria, ullum incommodum sensit. — De hoc processu quidam discipulorum, ut qui aegre ferrent,
IM Iahr, aLs keIn reCht GregorIVsfest beI Vns bogangen WarD.
Annus 1676 et 1677 vacat.

Anno demum 1678 iterum post Domin. Cantate feria quarta et quinta eodem modo celebratum fuit fest. Greg., additis duobus satyris et tot morionibus. Deo sit laus pro reditibus, quos tamen aliquot, qui poterant et debebant, non auxerunt, sed minuerunt, quamquam Dn. Pastor et Inspector Primarius pro nobis publice de suggestu cum singulari parrhesia intercesserat. Miseri sane Doctores scholastici, qui putantur esse divites, cum tamen sint pauperrimi.

Ao 1678 d. XI. Maii post Domin. Cantate,
Ao 1679 d. III. Maii post eandem Dom. celebratum fuit splendidissimo apparatu, in quo repraesentabatur Felicitas oeconomica ex inventione Dni Conrectoris. Convivium quoque celebratum fuit solenne, ad quod largiebatur senatus XX cantharos vini optimi.

So weit Theilis Aufzeichnungen.

1685 wurde dargestellt: Göttliches Segens-Zelt und Feld vgl. Anm. 8.

Im Jahre 1687 wurde wegen des 1686 stattgefundenen Brandes und der eingefallenen Landestrauer das gregorianische Schulfest „ohne sondern Aufzug" gefeiert, wie aus dem Titel der „vom Budissinischen evangel. Schul-Collegio am 22. Mai 1687 dargereichten geistlichen Klag- und Trost-Ode" (bei Platz XVII) hervorgeht.

1690. Das über der glücklich vollzogenen Römischen Königs-Krönung Iosephi mit Neuer Freude und Hoffnung Gecrönte Deutschland. 1691. Das geliebte Vaterland Oberlausitz vgl. Techells Chron. IV. S. 374b. 1693. Die herfürragenden Drei Zinnen des Budissinischen Stadt-Wappens wollte mit einem mehr als dreyfachen Glücks-Wunsche an die drey Haupt-Stände — begrüssen — das evang. Schul-Collegium. 1694. Das unter der schweren Kriegs-Last Seufflzende Deutschland. 1695. Ein kurzer Abriss des wahren Christenthums (von der Schuldigkeit des Christen gegen Gott, gegen sich selbst, gegen den Nächsten). [9])

1696 wurde der Gehorsam nach dem Programm bei Platz XIX S. 59 folgender Massen dargestellt:

---

[9]) Die Programme zu den Aufzügen von 1690. 93. 94. 95 befinden sich in Abr. Frenzels collectanea Lusatica tom. II. (Mscr. A. 26 der Stadtbibliothek in Zittau).

I. Obedientia ecclesiastica erga Deum. Der Gehorsam gegen Gott. Da sich dann praesentiren 1. Ein grosser Engel mit Flügeln und strahlichten Angesicht, der in der Hand einem Brieff oder Zettel führet, mit diesen Worten beschrieben: Die Ehre und Gehorsams Pflicht — Sey stets auf GOttes Wort gericht. 2. Ein Englisches Chor von kleinen Knaben, welche GOttes Ehre und Gebot preisen und singen: Allein Gott in der Höh sey Ehr. 3. Tres Virtutes praecipuae, die drey Haupt-Tugenden: Fides, der Glaube, mit dem Crucifix. Spes, die Hoffnung, mit dem Ancker. Charitas, die Liebe, mit ein paar Kindern. 4. Der Ertz-Vater Abraham mit seiner Sara, die auf GOttes Befehl ihr Vaterland verlassen, und aus Chaldaea ziehen. 5. Ihr Sohn Isaac, der ein Bündlein Holtz auf dem Rücken träget, und zum Opffer bereit ist. 6. Petrus folget auch mit dem Symbolo, ex Actor. V. v. 29. Man muss GOTT mehr gehorchen, denn den Menschen. 7. Der Apostel Andreas wirfft sein Fischer-Netze weg. 8. Der bekehrte Zöllner Zachaeus verläst seine Zoll-Bude, folget Christo nach, und theilet aus seinem Wucher-Beutel Allmosen aus. 9. Etliche Doctores und Prediger mit der Bibel. 10. Der Aeschines, welcher seinem Praeceptori das Hertz offeriret. 11. Tycho de Brahe, ein berühmter Mathematicus, welcher sein Systema Astronomicum nebenst der hell-strahlenden Sonne, Mond und Sternen zeiget, cum Lemmate: Hanc Unam cuncta sequuntur. Schaut, es ist alles allezeit — Zu folgen Einem hier bereit. 12. Ein Schul-Meister mit etlichen Schul-Knaben. 13. Praemia, die Belohnungen. Dei Gratia, GOttes Gnade, mit einem Regen-Bogen. Bona Conscientia, ein gut Gewissen, mit weisser und unbefleckter Kleidung. Beatitudo aeterna, die ewige Seeligkeit, mit einem Palmen-Zweige u. einer unverwelcklichen Crone.

II. Obedientia politica erga Magistratum. Der Gehorsam gegen die weltliche Obrigkeit. Da denn auffgeführet wird 1. Der Fähnrich, 2. Die Musicanten, 3. Ein Herold mit dem Symbolo: Magistratus est Custos utriusque Tabulae. GOTT läst die Obrigkeit verwalten, — Was beyde Taffeln in sich halten. 4. Menenius Agrippa, ein Edler Römer und berühmter Redner, welcher das Römische Volck zum Gehorsam und Einigkeit vermahnet, cum Symbolo: Obedienter et Concorditer. Gehorsam, Lieb' und Einigkeit — Vermehrt die Wolfarth weit und breit. 5. Der Kayser Carolus M. mit dem Schwerdt, worauff zu lesen: Pro lege et Grege. 6. Dem treten nach etliche Graffen, Frey-Herren und Edele. 7. Zwey Regierungs-Räthe. 8. Etliche gebietende Ambts-Personen. 9. Allerhand Künstler mit ihren Instrumenten. 10. Zwey Bauren. 11. Praemia, die Belohnungen. Politica Felicitas, die weltliche Glückseeligkeit. Pax, der Friede, mit einem Oel-Krantze und Zweige. Securitas, die Sicherheit, durch drey Hirten, mit ihren Schalmeyen, Hirten-Stäben und Taschen praesentiret.

III. Obedientia oeconomica erga Parentes, Dominos, etc. Der Gehorsam gegen die Eltern, und die, so Eltern Stelle vertreten. Welcher abgebildet wird 1. Durch Pompeium M. in Römischen Habit, mit seiner Cornelia, welche ihrem Ehe-Herrn in der Flucht gefolget, biss er endlich durch die untreue und undanckbahre Egypter sein Haupt sich muste abschlagen lassen. Sie gehet in traurigen Habit. 2. Durch die Rechabiter, welche wider ihres Vaters Jonadabs Befehl nicht Wein trincken wollen, führen in ihren Händen Gläser mit Wasser angefüllet, cum Symbolo: Pro Vino Aqua. Mein Vater, wie du wilst, so sol das Wasser sein — Uns und den Unsrigen ein süsser Most und Wein. 3. Der tapffere Aeneas trägt seinen alten Vater Anchisen auf den Rücken, führet den Ascanium an der Hand, welcher dieses Lemma zeiget: Vincit Amor flammas. Das Feuer brennet sehr, — Die Liebe noch vielmehr. 4. Cornelia, die berühmte Römische Mutter der Gracchorum, mit Ihren Kindern, als Ihrem grösten Schmuck und Zierath. 5. Diagoras, ein Bürger in der Insul Rhodo, empfähet von seinen 3 Söhnen 3 Cronen, welche sie auf den ludis Olympiacis wegen Ihrer Tapfferkeit erhalten. 6. Merckwürdiges Kinder-Spiel, da einem Vater, von einen oder mehr Kindern Neunerley Ehre erwiesen wird. 7. Cn. Plotius mit seinen treuen Knechten. 8. Allerhand Handwerckern mit Ihren Werckzeugen. 9. Praemia, die Belohnungen. Benedictio Divina, der Göttliche Seegen mit dem Cornu Copiae, und der Ueberschrifft: Non nisi Obedientibus. Der Gehorsam findet hier — Seegen, Glück' und Heil bey mir. Sanitas, ein gesunder Jüngling mit einem blühenden Zweige. Vita longaeva, ein alter Greiss.

1697 wurde nach dem Programm bei Platz Band XIX. vorgestellt: Das unter der schweren Krieges-Last nach dem Frieden seuffzende Europa. D. D. I. Bey dem Auffzug

praesentiren sich: Ein Fähnrich, mit seinem Fahnen-Junker. Ein Herold, der Europam in
Gestalt einer sitzenden Jungfrauen praesentiret, nebst einem Creutzweis-liegenden Schwert und
Palm-Zweige, mit diesen Beyworten: Inter spemque metumque. Ist gleich der Friedens-
Platz benennt, — Der Krieg doch immerzu noch brennt.
I. 1. Der Röm. Kaiser Leopoldus in Kaiserl. Habit, nebst dem Scepter und Reichs-
Apffel, darauff folgende Worte stehen: Pacis semper amans. Den Frieden wir lieben, — Und
Niemand betrüben. 2. Etliche Teutsche Herren, darunter einige Kaiserl. Räthe, die dieses
Symbolum führen: Consiliis opus est. Ein kluger guter Rath — Ist nöthig früh und spaat.
Darauff folget ein Schwäbischer Bauer, so nach den Frieden seuffzet. 3. Ein Spanier mit
diesem Symbolo: Auriferae naves vires animomque ministrant. Geld und Gut — Machet
Muth. 4. Ein Unger, so diesen Wahlspruch hat: Nos mora bellorum cruciat. Uns will fast
werden bange, — Der Krieg wehrt gar zu lange. 5. Etliche Geistlichen, auff deren Gebet-
Büchern diese Worte zu lesen: Precibus pax alma vocanda. Lass't uns zum Friedens-Fürsten
treten, — Um Ruh und Frieden ernstlich beten. Eine Svite Römer etc.
II. 1. Der König in Engelland mit einem blossen Schwert, an welchem diese Worte
zu finden: Pax quaeritur armis. Mit dem Degen in der Hand — Findt der Friede seinen
Stand. 2. Etliche Engel-, Schott- und Irrländische Herren. 3. Ein Holländer mit diesem
Symbolo: Pax commercia nutrit. Der Friede den Handel erhält, — Drum solcher uns allen
gefällt. 4. Ein Venetianer führet dieses Symbolum: Bellorum satis est. Was uns das Schwert
hat zugebracht, — Wird durch den Frieden fest gemacht. 5. Ein Savoyer führet diesen
Wahlspruch: Praeripio pacem. Den Frieden nahm ich erstlich an, — Ich weiss nicht was
drauf folgen kan. 6. Ein Welscher mit Citronen, dessgleichen eine Svite Büchsenmacher
und Ingenieurs, item ein Hechelmann.
III. 1. Der König in Franckreich, in dessen Schilde ein Luchs und Fuchs mit dieser
Umschrifft: Vique doloque in bello et pace. In Krieg- und Friedens-Zeit, — Ist Macht und
List bereit. 2. Etliche Frantzösische Herren. 3. Etliche Türcken, Tartern und Mohren,
derer Symbolum: Poenitet armorum. Bey ietzigen Kriegen — Ist wenig Vergnügen. 4.
Frantzösische Kauffleute und Künstler. 5. Ein Frantzösischer Caper und Fischer. 6. Ein
Charlatan und Seiltäntzer.
IV. 1. Ein Dennemärcker, auff dessen Schilde stehet: Promoveo pacem. Ich bin
darauff bedacht, — Dass Friede wird gemacht. 2. Ein Schwede, dessen Symbolum: Instum
sit regula pacis. Soll die Friede recht bekleiben, — Muss das Recht der Grund-Stein bleiben.
3. Ein Portugiese zeiget dieses Lemma: Arma inter non tuta quies. Wann die Nachbarn
lange kriegen, — Kau man nicht gar ruhig liegen. 4. Ein Pole, in dessen Schilde diese
Worte zu finden: Domique forisque — Pace opus est. Feinde in- und äusserlich, — Nach
den Frieden sehn ich mich. 5. Ein Paar Jüden aus Hamburg und Franckfurth, welche sich
grosser Unruhe besorgen.
V. 1. Ein Chaldaeer mit einem Globo, und tubo optico, führet im Schilde: Promittunt sidera pacem. Nach den Sterne Zeichen, — Wird der Krieg bald weichen. 2. Etliche
Musen mit Palmen-Zweigen singen das Lied: Du Friede-Fürst, HErr JEsu Christ etc., derer
Symbolum ist: Bella fugant Musas. Wo Mars pflegt einzuziehen, — Da müssen wir weg-
fliehen. 3. Denen folgen vier Tugenden, so den Frieden lieben: als Humilitas führet ein
Viole, mit diesem Lemmate: Imis delector. Der Hochmuth dieser Welt — Dem Höchsten
nicht gefällt. Amor hat auff einem Hertze dieses Symbolum: Bellum tollit amor. Lieb und
Barmbertzigkeit — Vermehrt die Friedens-Zeit. Temperantia hält eine Kanne mit diesem
Wahlspruche: Medium Mars nescit habere. Der Krieg hält weder Maas noch Ziel, — Er
thut der Sachen stets zu viel. Castitas weiset ein Lamm also umschrieben: In pace vigesco.
Im Friede Keuschheit blüht, — Im Kriege Wollust glüht. 4. Zuletzt folgen die Handwercker,
die zum Wahlspruch führen: Fried ernehret — Unfried verzehret.
In den folgenden Jahren wurde vorgestellt: 1698 Nutz und Schaden, welchen die
blühende Jugend entweder bey dem sorgfältigen Wachsthume in Christlichen Tugenden und
Wissenschaften zu erwarten; oder nach der muthwilligen Versäumnng derselben zu beklagen
hat (Progr. bei Platz XX S. 307); 1699 Europa pacata oder das in Frieden gesetzte und

mit neuer Hoffnung ergötzte Europa (Progr. bei Platz XX S. 140); 1700 das Iobilaeum Trifolium oder die dreyfache Jobel-Freude, wobei nach dem Progr. bei Platz XX der erste Actus auf das Zeitliche und mit Leid- und Freuden-Wechsel bezeichnete Iobilaeum deutete, der zweite das Iobilaeum renovatae Scholae und der dritte das oberste und himmlische Jobel-Fest abbildete; 1701 Micropolitias Repraesentatio oder die in den menschlichen Gemüthern sich äussernde und wohl eingerichtete Republik (Progr. bei Platz XXI S. 241); 1702 *Αὐταρκεια* seu Sufficientia animi oder die angenehme Gemüths-Vergnügung, nach welcher in allen Ständen des menschlichen Lebens, als nach einem edlen Kleinod jedermann zu trachten hohe Ursach hat (Progr. bei Platz XXI S. 399); 1703 Ver annuae amoenitatis, floridae aetatis, pacis et tranquillitatis: das ist der dreyfache Frühling, nemlich der jährlichen Anmuthigkeit, blühenden Jugend-Freud, friedlichen Lebens-Zeit (Progr. bei Platz XXII S. 281); 1704 die in Furcht und Hoffnung schwebende Germania (Progr. bei Platz XXII S. 457); 1705 die preiswürdige Fürstin Vigilantia oder Wachsamkeit (Progr. bei Platz XXIII S. 423). 1706 wurde nach dem Progr. bei Platz XXIII S. 595 das Fest „ohne alle Solemnität bei den damaligen gefährlichen und weitaussehenden Zeiten", wie 1687 durch eine demüthige und andächtige Procession gefeiert; und zwar giengen früh um 9 Uhr die Berghäuer aus, sangen christliche Arien und bedienten sich dabei auch der Violinen, um 10 Uhr folgte der Cantor mit dem choro musico und um 12 Uhr wurde von dem ganzen Coetus nebst sämmtlichen Collegen eine ordentliche Procession durch die ganze Stadt mit Absingung geistlicher und auf die damalige Zeit sich schickender Lieder angestellt. 1707 dagegen wurde das Fest durch die Darstellung der triumphirenden Irene oder Friedens-Fürstin (nach dem Progr. bei Platz XXIV S. 901) und 1708 durch die der Harmonia oder einmüthigen Gleichstimmigkeit (nach dem Progr. bei Platz XXV S. 283) verherrlicht. 1710 wurde zwar, so berichtet Techell V. S. 812, das Gregoriusfest zur Ergötzung der Schulcollegen gefeiert, jedoch dabei aller sonst gewöhnliche Pomp unterlassen und dabei nur einige wenige Violinen und die Berghäuer gebraucht. Tags vorher liess der Rector Schulz ein gedrucktes Gedicht: Der angenehme Frühlings-Kuss als ein Pfand neuen Segens (aufbewahrt von Platz XXVI S. 813) in den Häusern vertheilen. Dagegen stellte man 1711 (trotz des am 15 Febr. erfolgten Ablebens des Rectors) in der Woche nach Iubilate Irenica Europae desideria oder das nach Rub und Frieden seuffzende Europa vor (s. Platz XXVI), 1712 die über allgemeine als eigne Noth triumphirende Tapfferkeit (s. Platz XXVII) und 1713 Milcienia Tripudians oder die über ihres grossmächtigsten Augusti höchst glücklich erlebten XLIV. Geburths-Tage hocherfreute Milcienie (Progr. bei Platz ebend.). 1714 beschloss nach dem Progr. bei Platz XXVIII das Lehrercollegium „den sonst gewöhnlichen Aufzug vorietzo einzustellen, das Gregori-Fest aber in ein Lob- und Danck-Fest (ohne theatralische Aufzüge) zu verwandeln" und in Anbetracht der vielfachen mit der früheren Feier verbundenen Uebelstände „dasselbe biss auf eine solche Zeit auszusetzen, da man es mit grösserer Unschuld werde verrichten können". Diesem Beschluss blieb man auch 1715 nach dem ausgegebenen Programm (Platz ebend.) treu; aber schon 1716 fand wieder ein grossartiger Aufzug Statt, wie aus dem Programm bei Platz XXVIII, dem letzten, das aus die Chronik aufbewahrt hat, hervorgeht.

Den weitern Verlauf der Gregoriusfeier dento ich unter Verweisung auf den erwähnten Aufsatz in der lausitzischen Monatsschrift v. 1795 S. 224 ff., der hauptsächlich aus Techell geschöpft ist, nur kurz an. 1723 wurden in Folge eines Missverständnisses (s. auch Knothe S. 65 und Wilke S. 679) die kostspieligen Aufzüge ganz abgeschafft; man begnügte sich mit einem Chor Bergbauer. 1776 wurden in Folge mancher Uebelstände auch noch diese beseitigt, und es zog nun bloss der Chor umher, den seit 1795 kein Lehrer mehr begleitete. Nach 1835 ist auch dieser Umzug nicht mehr gehalten worden.

Aufführungen von Schulcomoedien.

Da Heiland in seiner Abhandlung „über die dramatischen Aufführungen im Gymnasium zu Weimar" (Progr. des Gymn. zu Weimar 1858) die Entstehung und Entwicklung der Schulcomödie dargelegt, und der Gegenstand ausserdem in allen Literaturgeschichten die gebührende Beachtung gefunden hat, so kann ich mich hier damit begnügen, die dramatischen

Aufführungen, von denen die mir bis jetzt zugänglichen Chroniken berichten, aufzuzählen und so nachzuweisen, dass auch in dieser Hinsicht das hiesige Gymnasium hinter andern nicht zurückgestanden habe. Die Sache selbst ist freilich in Budissin älter, als die evangelische Schule; denn schon 1413 (nicht 1412, wie Gervinus, Gesch. d. d. Dicht. II S. 327 sagt) wurde nach Techall I S. 841 die Passion von der heiligen Dorothea auf dem Markte aufgeführt. Die neue Schule aber führte am 26 Sept. 1593 die Tragödie 'Holofernes auf freiem Markte auf (Tech. II S. 269); am 25 Febr. 1596 auf dem Rathhaussaale die Hildegardis von Nicodemus Frischlin [10]) (Tech. II S. 284); am 26 Sept. 1602 auf dem Markte die römische Lucretia [11]) (Tech. III S. 10); 1610 des Heynecuius Almansor oder der Kinder Schulspiegel [12]); am 14 Sept. 1614 dem Kirchmessesonntage auf dem Rathhause Euripides Alcestis [13]) lateinisch und die Sophronia deutsch (Tech. III S. 95); am 17 und 18 Mai 1625 Eugenia von Aretino lateinisch und eine deutsche Comödie von einem Bauer, welcher in einer Stunde seinen Sohn zum Docter machen lassen wollte (Tech. III S. 222); den 8 und 9 März 1628 auf dem Rathhause eine lat. Comödie de vita Scholasticorum und eine deutsche vom Könige in England und Schottland aus dem Pickelhäring(?) (Tech. III S. 267); den 9 und 10 Febr. 1693 auf dem Gewandhause Isaacs Opferung und die Siciliaanische Argenis [14]) von Weise; den 23 und 24 Febr. 1694 auf dem Gewandhause des leidenden Jesus [15]) in lateinischer und deutscher Sprache (Tech. IV S. 465); den 23 und 24 Oct. 1695 zwei Comödien, deren Titel nicht angegeben sind (Tech. IV S. 529); den 18 Febr. 1697 zur Feier der Geburt des Churprinzen Friedrich August die betrübte und wieder erfreute Syzygia und den 19 Febr. die hochgesegnete Vermählung des theuern Prinzen Irenii mit der himmlischen Prinzessin Pietas nach dem Progr. bei

---

[10]) Ueber Nic. Frischlin (1547—90) vgl. Gervinus III S. 62 ff.

[11]) Vgl. Gervinus III. S. 95.

[12]) Dazu findet sich auf dem vor. Progr. S. 26 Anm. 19 erwähnten Programm folgender Theaterzettel, aus dem man einen Schluss auf den Inhalt des Stücks machen kann: I sustinebit personam Sophiae, et prologum ac epilogum fabulae recitabit. II gerens personam Christi Ludiporti, quantopere sibi institutio iuventutis curae cordique sit evidentissimis verborum et factorum documentis ostendet. III Pauli Episcopi et tutoris Ludi munere fungetur, cum Ludimoderatore do rebus scholasticis saepe conferet, eius patrocinium, alicubi opus, fideliter suscipiet, et fractum laboribus officii, disciplulorum contumacia, parentum et aliorum iniquitate, calumniis etc. eriget consolando et confirmando. IV Nathanis Ludirectoris partes sustinens, re et verbis demonstrabit, in quibus boni praeceptoris officium consistat, in institutione scilicet optima, diligenti, methodica, vitae castimonia, patientia. V repraesentabit Siraciden et ludi fautorem et amicum se exhibebit, corruptionis item puerilis et aliorum in institutione calamitatum veras causas, simulque salutaria earundem remedia ostendet. VI sub nomine Rebeccae, VII gerens vicem Annae, VIII onatis partibus Abigaelis exemplo piarum et cordatarum matronarum docebunt, quomodo parentes matare rudes liberorum animos honestae disciplinae assuefacere dobrant, nec concedere, ut vitiis illi sylvescant. IX sustinebit partes Iacobi, X Samuelis, et ut sanctorum sanctos docet filios, exempla illustria subministrabunt, ex quibus iuventus omnium virtutum puerilium documenta capere possit. XI repraesentans Isabelem, XII Ziporam, XIII Peninam: idcam plerarumque in orbe matrum, sua culpa subolem corruptentium, oculis spectatorum subiiciet. XIV gerens personam Helil, patris nimis indulgentis, licet videat audiatque meliora et probet eorum, deteriora tamen apud suos sequetur, et facilitate, lenitate et mollitie sua liberorum alet malitiam. XV cunctae habitu Nabali rustici, ut rei litterariae imperitissimi, ita iniquissimi, docebit, quam plerique ditiorum gratiam pro suorum institutione praeceptoribus referant. XVI subibit vices Esavi, XVII geret personam Ophnil, XVIII sustinebit partes Pincae, XIX sub nomine Caini, XX sub persona Absolonis puerorum reproborum, perversorum, perditorum, nihil scholastici habentium praeter nudum nomen, quibus teneris etiam annis tanta peccandi libido est, ut ipsum poecare delectet, quamvis causa non sit alia, moribus suis mores maioris partis iuventutis omnium seculorum adumbrabunt. XXI referens Almansorem, circumforaneum ventosum et impudentem, ex mero mendaciis et fraudibus compositum, magno interim aliorum applausu suoque quaestu, modum erudiendi iuventutem sine labore et molestia, scilicet per infundibulum profitentem et plenis buccis depraedirantem, quod ait impostorum literariorum ingenium et quae fortuna in mundo, declarabit. XXII functus munere Parasitastri Circulatoris famuli, digni patella operculi, fidelem hero suo adulando, mentiendo et fumum vendendo navabit operam. XXIII sub habitu et persona Satanae, unde sint corruptelae et aliae calamitates Liberorum, de quibus in schola et domo passim querelae audiuntur, docebit. XXIV Hermetis officio functus doctrinas, praesertim abstrusiores, vernacula lingua rudioribus inculcabit. — Ueber den Verfasser des Stücks vgl. Gervinus, Gesch. d. d. Dicht. III. S. 91.

[13]) Wohl nach der Uebersetzung von Buchanan vgl. Gerv. III S. 79.

[14]) Das Programm hierzu befindet sich bei Plaz XVIII S. 87 ff. und enthält ausser dem Theaterzettel eine Vertheidigung der Sitte, durch die Schüler Comödien aufführen zu lassen, an welcher die Geistlichkeit Anstoss genommen hatte.

[15]) Das Programm befindet sich in Abr. Frenzels coll. Lus. II (Stadtbibl. zu Zittau.)

Platz XIX S. 23; den 26 und 27 Febr. 1703 auf dem Gewandhause Isaacs Opferung und die unvergnügten Seelen von Weise nach dem Progr. bei Platz XXII S. 149 ff.; am 27 Nov. 1704 in dem Oberauditorium die aus ungleich angestellter Kinderzucht ungleich gerathenen Kinder (vgl. Tech. V. S. 251 und das Progr. bei Platz XXII S. 1019); den 13 und 14 Febr. 1708 auf dem Gewandhause Jacobs Heirath und des französischen Marschalls Biron Fall [16]) (vgl. Tech. V. S. 676 und das Progr. bei Platz XXV S. 101); den 25 und 26 Febr. 1710 bei der Rathschur auf dem Gewandhause die beängstigte und wiedererfreute Budsetia,[17]) Princessin von Milcenien vom Rector Schulz. Endlich [18]) liess nach Tech. VI S. 1571 der Cantor Petri wider den Willen des Rectors und der andern Schulcollegen am 10 und 11 Febr. 1777 auf dem Schiesshause einige Comödien aufführen.

Die Ferien.

In der Bestallung Fechners heisst es 25) der Schulen gibt der Herr Rector sein ferias, als in Fastnachten Montag und Dienstag, in Jahrmärckten Freitag, Sonnabend und Montag, Und in den vigiliis der dreien Haupt-Feste alle Freitag per totum. — Bei Theill reichten die Ferien an den drei Jahrmärkten bis Dienstag oder Mittwoch incl. und an den drei hohen Festen vom Freitag bis Dienstag incl.; zu Fastnacht umfassten sie fünf Tage. Ferner wurde der Cötus den 30 Dec. bis Neujahr entlassen und in der Mitte des September waren vier Tage frei „propter encaenia". — In dem Regulativ von 1778 wurden in Uebereinstimmung mit früheren Bestimmungen von 1763 und 1766 folgende Ferien festgesetzt: 1) an den Jahrmärkten der Vormittag am Sonnabend und der Nachmittag am Montag; 2) die heiligen Abende vor Ostern, Pfingsten und Weihnachten, ingleichen der Tag nach diesen drei hohen Festen; 3) die ganze erste Hundstagswoche; 4) der Dienstag und die Mittwoche in der Fastnacht; 5) der Montag und Dienstag an der Budissinischen Kirchmesse; 6) die

---

[16]) Hierwider setzte sich, berichtet der Chronist, der Past. Prim. Haas heftig und liess ein 2 Bogen fol. starkes Tractätchen (bei Platz ebend. S. 105 ff.) „Fragen von jetzigen Schulcomödien" in den Häusern und unter den Zuschauern bei den Schauspielen vertheilen.

[17]) Den Inhalt des Spiels giebt Schulz selbt in dem Programm bei Platz XXVI S. 445 ff. also an: Budsetia, Printzessin von Milcenien, ist mit einem Königlichen Printzen aus Sauromatica versprochen, und soll das Beylager bald vollzogen werden. Es wird ihr deshalben eine Hoffstatt zugegeben, welche aus 4 geheimbten Räthen, da jährlich einer präsidiren soll, einem Legations-Rath, 2 Cammer-Herren, 3 Hoff-Damen, 1 Staats-Fräulein etc. etc. bestehet. Unter derer Aufsicht lässet sich die Princessin überaus wohl ziehen, und nimmt von Tage zu Tage an Schönheit zu. Dem Höllischen Fürsten Pluto verdreusst dieses, und hält mit seinem lieben Getreuen dem Neid, Geitz, Verschwendung, Barbarey, Medea und dem Aberglauben Rath, ob man nicht der Princessin beykommen könne. Es lassen sich hierauff allerhand böse Omina wittern, Todt, Hunger, Pest sich an dessen Grentzen blicken, werden aber von einen Engel vertrieben. Es werden auch öffters Webeklagen gehöret, welche die Princessin in nicht geringe Consternation und Unruhe setzen. Endlich verschweret sich eine Teuflische Bande, unter Anführung ihres Obristen des Abaddons, welche durch allerhand machinationes das Staats-Fräulein Ophigeniam auf ihre Seite kriegen, und hierdurch auch bey der Princessin sich einzuschleichen bemühet sind. Es wird zwar dieser Anschlag von der Eus-bia und Musagruta ein paar von der Budsetiae vertrauetesten Ministern entdecket, und die Ophigenia muss also gleich von Hofe. Man machet auch alle ersinnliche Verfügung, damit sie nicht bei dem Abscheülich noch einen Gostanck hinter sich lassen möchte: Allein ehe man sichs versichert, so hat ihr vermeinter Liebster Pyro nebst seinem Cameraden Ruino und Everso Feuer angeleget, welche auch so plötzlich überhand nimmet, dass die Princessin kaum gerettet werden kan. Hierauff verfället sie in ein hitzig Fieber, welches so sehr zunimmet, dass endlich der Herr Legations-Rath nach dem Hoff des königlichen Printzen depeschiret wird, da er denn nicht nur ein gar gnädiges Hand-Schreiben von Ihro Hoheit dem Printzen, sondern auch eine gewisse Diaet mitbringet, welche die Princessin stricte observiren soll. Es schlägt auch der Gebrauch derselben so wohl an, dass das hitzige Fieber nachlässet und die ehemalige Schönheit sich wiederzufinden scheinet. Hierauff rathen die Herren Leib-Medici, dass sie sich mit allerhand angenehmen Belustigungen divertiren solle, umb die geschwächten Kräffte hierdurch wieder in etwas zu erholen. Endlich wird ein klein Drama in ihrem Zimmer präsentiret, welches eben diese Frage abhandelt: Ob sie wohl mit gutem Gewissen bei jetziger Zeit, da sie kaum zu respiriren angefangen, dergleichen geschehen lassen könne? Endlich leget der Herr Praeses nach dem gemachten Reglement sein Ober-Hoff-Meister-Amt nieder, und trifft die freie Wahl den Herrn Pulchronium. Und weil jedermann aus seinem Nahmen gute Omina schöpffet, dass er der Princessin völlig zu Ihrer vorigen Gesundheit und Schönheit, durch genaue Beobachtung der vorgeschriebenen Diaet, verhelffen werde; so wird er deshalben von dem gantzen Hoff complimentiret und endlich die gantze Handlung mit einer Nacht-Music derer Studirenden, mit einem Reyhen-Bergbauer. und Schäffer, beschlossen.

[18]) Die dramatischen Vorstellungen, welche Terbell V S. 812 aus dem J. 1710 und V S. 861 aus dem J. 1712 erwähnt, waren nach den Programmen bei Platz XXVI S. 603 f. und XXVII nur dramatisierte Actus mit zusammenhängenden Themen, wie solche schon früher (vgl. vor. Progr. S. 25) üblich gewesen waren.

Gregoriuswoche; 7) der Sonnabend vor dem Examen; 8) der Sonnabend nach der Translocation und 9) der Nachmittag bei einer Generalsingstunde, wenn die Kunstpfeifer adhibieret
wurden; alle übrigen aber, besonders bei dem Johannis-Schiessen, Hospitanten-Hochzeiten
und solennen Leichenbegängnissen wiederholt abgeschafft. — Gedike berichtet in dem mehr-
erwähnten Programm: „Unsere grösseren Schulferien sind vierzehn Tage von den sogenannten Hundstagen, die Zeit zwischen Weihnachten und dem neuen Jahre, die Woche zwischen
Cantate und Rogate, in welcher der Gregoriusumgang gehalten wird, und die Pfingstwoche.
Von den kleineren Ferien sind manche ganz abgeschafft"; welche, ist nicht ausdrücklich erwähnt. — Unter Siebelis waren bis 1827 frei 1) 3 Jahrmarktsmontage; 2) zu Ostern 8 Tage;
3) zu Pfingsten 2½ Woche; 4) 14 Tage in den Hundstagen; 5) 2 Tage zur Budissiner Kirch-
mess; 6) 2 Tage zu Fastnacht; 7) nach dem Frühlings- und Herbstexamen 3 Tage; 8) zu
Weihnachten 11 — 12 Tage. Von 1827 an aber waren zu Pfingsten nur 8 Tage und dafür
in den Hundstagen 4 Wochen Ferien. —

Anhang.

Precationes et odae,[**) quibus utuntur pueri in schola Budissensi, ante et post
lectiones matutinas et pomeridianas.

Georgii Fabricii.

Deus pater mitissime,
Nos in tuo verbo tene,
Tuique filii throno
Infesta perde nomina.
Tu Christe vires excre
Magnas potentum maxime,
Laudesque cantet ut tuas
Gregem pusillum protege.
Solator alme Spiritus,
Conserva in unitate nos,
Praesens supremo tempore
Sis ductor in vitam e nece.
O pacis et concordiae
Auctor parensque maxime,
Praebe quietis prospera
Nostris diebus tempora.
Cernant mali nihil tuam
Contra valero dexteram,
Pugnare tu potens Deus,
Servare nosque coelitus.

Alia Flaminii.

Iesu benigne fervidas
Precationes, et mea
Expressa ab imo pectore
Ne vota quaeso despice.
Ut terra solis ignibus
Hiulca, sic animus meus
Afflictus, aeger, aridus
Dolet, fatiscit, ingemit.
Refrigera mentem meam

O spes mea, o salus mea.
Metus, dolores, lacrimas
Muta perenni gaudio.
Ut hae querelae flebiles
Mutentur in laudes tuas,
Et vox agendis gratiis
Noctes diesque personet.
Ne quaeso more iudicis,
Quid egerim, quid dixerim,
Quid cogitarim pondera,
Punive quid commiserim.
Peccata sed mea omnia
Tuo cruore deleas,
Me vulnerum sanet dolor
Tuorum ab omni crimine.
Amara tristi mors tua
Corli meo dulcedinem
Instillet, ut meam crucem
Et fortis et libens feram.

Georgii Fabricii.

Unica vitae
Regula Christe,
Conditor orbis
Atque redemptor,
Ne quasi pulchrum
Turpe probemus,
Disiice inertes
Corde tenebras.
Sit tua nobis
Tradita flatus
Numine sancti
Nota voluntas.

Dirige nostrae
Lintea prorae,
Cum vaga miscet
Aequora turbo.
Littora fac nos
Cernere fida
Atque petitos
Tangere portus.
Daque laboris
Ac studiorum
Posse salubres
Carpere fructus.

**) Sententiolae christianae, ex duobus poetis antiquis collectae, et aetati puerili accommodatae. His
adiectae sunt aliae quaedam variorum poetarum veterum, et precationes in schola Budissensi usitatae. A Thoma
Fabro Friburgio. Budissinae. Excudebat Michael Wolrab. 1574. (Stadtbibl. zu Zittau.)

Ut tua per nos
Gloria crescat,
Atque perenni
Laude colaris.

Alia.

Aufer immensam Deus aufer iram,
Et cruentatum cohibe flagellum,
Nec scelus nostrum properes ad aequam
Pendere lancem.
Si luant iustam mala nostra poenam,
Quis potest saevas tolerare plagas?
Cum nec ultricem spaciosa ferret
Machina virgam.
Cur super vermes luteos furorem
Sumis, o magni fabricator orbis,
Quid sumus, quam sex, putris, umbra, pulvis,
Glebaque terrae.
Nos parentales maculant reatus,
Et caro mentem trahit imbecillem,
Ergo tam sortem fragilem benigno
Respice vultu.
Da crucem, clavos, scuticam coronam,
Lanceam, funes, rigidamque mortem,
Inter iratam mediare dextram
Et mala nostra.
Non opus summi pereat magistri,
Nec sinas caesam fore passionem,
Corde sed manans lavet omne crimen
Sanguis et unda.
Hoc ratum quaeso facias precamur,
Omnibus nobis residens olympo,
Qui Deus semper dominaris orbi
Trinus et unus.

Georgii Fabricii.

Christe puer matris dilectae immensa voluptas,
Aeterni soboles patris,
Doctores inter qui voce silentia rumpis,
Et primo positus loco
Scripta Prophetarum, et summi mandata
parentis
Admirantibus explicas,
Ut discam ingenuas tua munera sedulus artes,
Da de fonte aequalem tuo.
Ingenium, mores, et totam dirige vitam,
Uni deditus ut tibi.

Allmæchtiger ewiger Gott, wir bitten dich,
du wollest uns deinen Heiligen Geist verleihen,
auff das wir deinen willen erkennen und thun
mögen, und in unserm beruff Gottsæliglich leben.
Wollest uns auch vor allen ungehorsam, mut-
willen, faulheit und lügen behüten, auff das
wir teglichen in deiner furcht, und in allen
guten zunemen. Darzu wolstu uns lieber Vater,
uns armen Kindern deinen Segen geben, umb
deines lieben Sohns Jhesu Christi unsers HErren willen, Amen.

Alia.

Veni maxime Spiritus, tuorum
Reple corda fidelium, tuique
Accendas in eis amoris ignem,
Qui gentes fidei sub unitate,
Per discrimina multa linguarum
Solator paraclete congregasti.
Quem nunc mittere Spiritum per orbem
Digneris pater, omnia innovabis.
O qui corda fidelium benigni
Flatus numine doctiora reddis,
Da nobis age Spiritu ex eodem
Et rectum sapere, et frequenter eius
Consolamine vivere et valere,
Consolamine vivere et valere.

D. Martini Lutheri.

Vitam quae faciunt beatiorem,
O carissime Christiane haec sunt.
Aeternum Dominum Deum timere,
Mandatique sui vias amare.
Sic victus manuum labore partus,
Sic vives bene, sic eris beatus.
Uxor prole tuam domum beabit,
Laetis ut generosa vitis uvis.
Ad mensam tibi filii sedebunt,
Ut pinguis tenera novella oliva.
Sic fidus benedicitur maritus,
In casto Domini timore vivens.
Donec te benedictione semper,
Ex Sion Dominus, Hierusalemque
Florentem faciat bonus videre.
Ut natos videas, et inde natos,
Et pacem super Israel per aevum,
Hic dicat pius omnia, Amen, Amen.

Ausserdem sind noch aufgeführt Buchanans Paraphrase von Psalm LXVII und Horat. od. II,
10 und 16.

Schulgebete aus dem Jahre 1592 (vgl. das Vorwort).

Precatio inquilinorum scholae quotidie mane et vesperi recitanda.

Omnipotens aeterne Deus Pater Domini nostri Iesu Christi, gratias agimus tibi, quod
Ecclesiam tibi inter nos collegeris, hanc etiam scholam et urbis huius Rempublicam singulari

elementia conservaris. Oramus te per et propter Filium tuum Dominum nostrum Iesum Christum, ut in Ecclesia nostra verbum serves incorruptum: in vineam tuam sanctam ministros des fideles: in schola nostra praeceptoribus tua gratia adsis, ut multa tibi grata, nobis salutaria proponant: nos numine tuo regas, ut iisdem obedientiam debitam praestemus, et in studiis nostris feliciter progrediamur. In Repub. pro beneficiis in nos collatis omnibus benefactoribus et promotoribus nostris beneficentiam eorum tua liberali donorum spiritualium et corporalium communicatione compensa: Consules Senatores et cives politiae nostrae Spiritu tuo sancto guberna: ut illi quidem in legum et disciplinae custodia sint felices, hi in obsequio sint promti et fideles. Averte a nobis poenas, quas commeriti sumus, bella, pestem, famem et alia eius generis mala: ut ad te convertamur, nos converte. Nos etiam in egestate nostra pro tua divina voluntate subleva: tange pia pectora, ut nostrae vitae cultui necessaria subsidia surrogent: et in primis aeternas divitias peccatorum nostrorum remissionis, iustitiae et salutis aeternae nobis impertiri digneris, ut te in hac vita et in futura cum omnibus electis Deum unum et trinum celebremus Amen.

Alia precatio finitis lectionibus recitanda.

O Domine Iesu Christe guberna curriculum vocationis meae, ut serviat gloriae tuae. Fac me vas misericordiae servatum ad usos tibi placentes, et mihi et aliis salutares. Arce a me prava sodalitia, ne consuetudine eorum pertrahar a te, et ruam in peccata et scelera. Succende et sanctifica cor meum Spiritu sancto tuo, ut vero ardeat amore discendi et propagandi Evangelii. Confirma me in agnitione tui, ut in ea perseverem usque ad extremum, et te cum omnibus electis in vita aeterna perpetuo celebrem Amen.

Alia.

O Iesu Christe Immanuel suavissime, qui duodecim annorum puer, in medio doctorum Hierosolymitanorum sedisti, eoque exemplo munus nostrum sanctum decorasti, et declarasti, te congressus nostros scholasticos, in quibus pia et salutaris doctrina sonat, amare, eorumque praesidem summum esse: Audiens quoque ipsos doctores, nobis diligentiam assiduitatemque auscultandi docentes commendasti: eosdem interrogans, non satis explicatis lumen addendum, intelligentiamque hoc modo excitandam monuisti: Adesto, quaesumus nobis iam in nomine tuo congregatis, tuo nomine, tam docenti quam discentibus: ut ea quae grata tibi, nobis utilia et salutaria sunt, iam discamus, ac deinde dicamus ac faciamus, qui cum Patre et Spiritu sancto vivis ac regnas in secula Amen.

Alia.

Sub lectionem sphaericam recitanda.

O Iesu Christe, qui lux es de luce patris ἀπαύγασμα vel splendor gloriae paternae, Stella Iacob, Sol iustitiae nostrae: Te iam non in nomine tuo congregati quaesumus, ut luce tui numinis tenebras ignorantiae nostrae discutias, in iisque splendorem noticiae salutaris ex nobilissimarum tuarum creaturarum, stellarum videlicet consideratione excites. Exoriaris in pectoribus nostris o Sol iustitiae et radiis tuae iustitiae eadem illustres, ut et docendo et discendo intelligentiam nostram confirmemus tuamque potentiam in corporum coelestium magnitudine, χρηστότητα vel clementiam in utilitate, sapientiam ex ordine eorum cognoscere, ac subinde alia multa grata tibi, nobis utilia et salutaria discere, dicere et facere in hac naturae nostrae infirmitate incipiamus, donec ea in caelesti tua academia te Doctore in nobis confirmentur: Qui in terris puer hoc sanctum nostrum munus tuo exemplo decorare, eiusque te praesidem summum declarare voluisti et ita in coelis cum Patre et Spiritu sancto, utrique ὁμοούσιος vivis et regnas in secula, Amen.

Druckfehler: S. 5 Z. 14 l. Schulgeschichte für Schulgeschichte; S. 11 Z. 30. 31 besondere für besonren; S. 16 Z. 34 Schüler für Schülern.

Jahresbericht
über das Schuljahr 1863—1864.

I. Chronik.

Bei dem Rückblick auf das verflossene Schuljahr erfüllt uns das Gefühl des Dankes gegen den treuen Gott, der seine schützende Hand über unserer Anstalt, über Lehrenden und Lernenden gehalten hat. Haben wir auch während desselben manche niederschlagende und schmerzliche Erfahrung gemacht, so ist uns doch des Guten und Erfreulichen weit mehr zu Theil geworden.

Gleich zu Anfang des Cursus gab uns die höchste Behörde einen neuen Beweis ihrer fortdauernden Fürsorge für unsere Schule durch die Anstellung eines Hülfslehrers. Durch dieselbe wurde es möglich, die von uns gewünschte Trennung des Progymnasiums in drei Classen, Ober- und Unterquinta und Sexta, nach Ostern ins Leben treten zu lassen. Der zu dieser Stelle berufene Candidat des höhern Schulamts, Dr. William Weicker, wurde am 16. April von der Gymnasial-Commission in Pflicht genommen und am 20. April von dem unterzeichneten Rector in sein Amt eingewiesen. Er hat von da an das Ordinariat der Sexta verwaltet, während das der Unterquinta dem Gymnasiallehrer Dr. Rössler übertragen wurde.

Ein besonders festlicher Tag war für uns der 24. Juni v. J., an welchem Se. Majestät unser allergnädigster König auf seiner Reise durch die Lausitz auch unsere Anstalt mit seinem Besuch beehrte. Allerhöchstderselbe geruhte einer Lection des Rectors über Sophokles in der Prima und einer Lection des Conrectors Prof. Dr. Jähne über Ovid in der Tertia beizuwohnen und am Schlusse der ersteren ein vom Gymnasiallehrer Dr. Schubart verfasstes lateinisches Begrüssungsgedicht aus der Hand des Rectors huldvoll entgegenzunehmen und sich eingehend über die Verhältnisse und Bedürfnisse der Anstalt zu unterrichten. Möge es uns gelingen, uns so hoher Gnade dadurch würdig zu zeigen, dass wir in den Herzen der uns anvertrauten Jugend Liebe und Treue gegen König und Vaterland, ernstes wissenschaftliches Streben und fromme, gottesfürchtige Gesinnung erwecken und befestigen. Wir hoffen aber, dass unsere Bemühungen für die Erziehung und Bildung unserer Schüler in Zukunft von um so besserem Erfolg sein werden, als wir die sichere Aussicht haben, dass in nächster Zeit unser wiederholt ausgesprochener, dringendster Wunsch in Erfüllung gehen wird. Das hohe Ministerium des Cultus und öffentlichen Unterrichts hat nämlich vor kurzem mit der Stadtgemeinde einen Vertrag abgeschlossen, durch welchen es sich unter Vorbehalt ständischer Bewilligung des Geldbedarfs zur Erbauung eines neuen Gymnasialgebäudes verpflichtet hat. Bei der oft bewährten Liberalität der ständischen Vertretung und ihrer regen Theilnahme für das Schulwesen überhaupt und die höhere, wissenschaftliche Bildung insbesondere dürfen wir sicher hoffen, dass dieselbe den wohlwollenden Absichten der höchsten Behörde trotz der drohenden Zeitverhältnisse nicht entgegentreten werde und können nicht umhin, dem h. Ministerium auch hier unsern wärmsten Dank auszusprechen. Und wie der ganzen Anstalt, so hat dasselbe einzelnen Lehrern durch Bewilligung von Gratificationen sein Wohlwollen bezeigt.

Am 26. August hatte die Stadt eine Festfeier zum Andenken Theodor Körner's im Saale des Schiesshauses veranstaltet, an welcher auch das Gymnasium Theil nahm, indem das Chor in Gemeinschaft mit dem des landständischen Seminars mehrere Lieder Körner's vortrug und der Gymnasiallehrer Dr. Rössler die Festrede hielt, in welcher derselbe die Bedeutung dieser Feier dahin festzustellen suchte, dass sie der Verherrlichung der Gesinnung und der Thatkraft gelte, von welcher die edelsten Geister Deutschlands zur Zeit der französischen Befreiungskriege Zeugnis gaben.

Am 26. September v. J. wurde der Abiturient Herrmann Grundmann aus Göda, der am 8. September die mündliche Prüfung bestanden hatte, am Schlus der Censurvertheilung von dem Rector in Gegenwart des Lehrercollegiums und des Schülercötus zur Universität entlassen.

Am 19. October v. J. wurde von uns eine einfache Gedächtnisfeier der Völkerschlacht bei Leipzig gehalten. Lehrer und Schüler des Gymnasiums versammelten sich Vormittags 10 Uhr im Betsaale. Nachdem hier der Sängerchor das Männerquartett von Abt: Deutschland hoch etc. vorgetragen hatte, hielt der unterzeichnete Rector die Festrede. Er begann mit dem Jubelliede E. M. Arndt's: „Es ist in diesen Tagen die stolze Schlacht geschlagen" u. s. w., und erinnerte zunächst daran, dass es unnatürlich sein würde, wenn wir das Andenken an das noth-, thaten- und ruhmreiche Jahr 1813 mit lautem Jubel und Gepränge feiern wollten, da unser Vaterland fast nur an der Noth Theil gehabt habe. Da es aber mit dem gesammten Deutschland aus derselben befreit worden sei, so müssten auch wir in den Dank gegen den Befreier aus der Noth mit einstimmen, um so mehr, als auch wir an den Segnungen reichlich Theil genommen, welche fünfzig Friedensjahre, die Frucht des Sieges bei Leipzig, Deutschland gebracht hätten. Dieser unser Dank aber gegen den Lenker der Völkergeschicke werde um so aufrichtiger und grösser sein, wenn wir uns klar machten, von welchen Uebeln uns die Kämpfe des Jahres 1813 und namentlich der Sieg bei Leipzig befreit, welche Güter sie uns wiedergebracht, und welche Fülle des Segens sich in Folge derselben über unser ganzes Vaterland ergossen habe. Er wies im Verlauf der Rede besonders darauf hin, wie unter dem Druck des fremden Gewaltherrschers der Glaube an den Gott der Väter wieder in den Herzen erwacht und mit ihm auch der Väter Heldenkraft und Heldenmuth zurückgekehrt sei und dass diese neu erwachte Kraft des Geistes, welche im Glauben wurzelte, die Kämpfer des Jahres 1813 zu den Thaten und Anstrengungen befähigt habe, deren Früchte wir genössen. Aber so grosses auch von einzelnen und der Gesammtheit gethan worden sei, so „wacker alle Völker zusammengerungen", den stolzen Corsen zu besiegen, „die ihn bezwungen, seien allein Gottes heilige Flammen"; denn das Wiedererwachen des Glaubens an Gott und seine Gerechtigkeit in den Herzen der Völker, das Festhalten an Ihm, der allein helfen konnte, sei allein Gottes Werk. Zum Schluss sprach er den Wunsch und die Hoffnung aus, dass auch die Feier dieses Tages dazu beitragen werde, echt deutsche Gesinnung in den Herzen der Jugend zu erwecken. Deutsch sein heisse aber treu, wahrhaftig, muthig und tapfer in der Vertretung der Wahrheit, rein und keusch, fromm und gottesfürchtig sein; in diesem Sinne deutsch zu sein und immer mehr zu werden, sei Pflicht der studierenden Jugend, die dann auch ihres Theils dazu beitragen werde, dass die Güter uns erhalten blieben, welche Gott uns vor 50 Jahren wiedergeschenkt habe, und die Einigkeit der deutschen Fürsten und Völker mehr und mehr zur Einheit werde.

Am 12. December fand zur Feier des Geburtstags Sr. Majestät des Königs Vormittags ein Festactus im Saale der Bürgerschule Statt, der mit der Aufführung einer Motette von Hiller begann. Die Festrede hielt der Gymnasiallehrer Dr. Schubart über die Worte von Gottes Gnaden, und bezeichnete dieselben zunächst als ein Bekenntnis christlicher Demuth, in welchem sich was von dem Alterthum geahnt und im Christenthum erkannt worden sei, ausspreche, nämlich dass das Amt und seine Gaben von Gott verliehen seien. Daraus aber folge von selbst das Bewusstsein der Verantwortlichkeit.

Zwar entbänden diese Worte den Fürsten von der Verantwortung vor Menschen, denn nur, wer das Amt verliehen, könne Verantwortung fordern; aber sie bänden ihn an die Verantwortung vor Gott. Diese aber könne nur der auf sich nehmen, welcher sich selbst unter Gottes Gesetz stelle, darum heisse: „von Gottes Gnaden sein" ein Christ sein auf dem Throne, das aber heisse: in Gottes Namen regieren. Ein Fürst nun, der also regiere, werde ein Herz für sein Volk haben und nichts anderes wollen, als das Wohl desselben. Freilich sei ein solcher Fürst ein Ideal, aber Gott sei mit dem redlichen Streben und dem energischen Willen zufrieden, und zu jeder Zeit habe es Fürsten gegeben, die diese besessen. Unser Sachsenland sei mit einem König gesegnet, der vom Anfang seiner Regierung an darnach gestrebt habe, ein rechter König von Gottes Gnaden zu sein. Nach dieser Rede, welche in der zahlreichen Versammlung eine wahre Feststimmung erweckt hatte, sprach der Primaner Paul Kaden aus Camenz in lateinischer Rede über den Wahlspruch Hectors bei Homer: „Ein Wahrzeichen nur gilt, das Vaterland zu beschirmen!" und der Primaner Haubold Graf von Einsiedel aus Dresden in deutscher Sprache „über die deutsche Treue, nach dem Nibelungenliede". Ein vom Rector gesprochenes Gebet und ein Gesang der ganzen Versammlung beschloss die Feier. Am Abend wurden im Saale des Schiesshauses vor Gönnern und Freunden der Anstalt die Chöre aus des Sophokles Oedipus auf Kolonos, componiert von Mendelssohn-Bartholdy, mit einem vom Cantor Schaarschmidt zusammengestellten verbindenden Texte unter des letzteren Leitung von Schülern des Gymnasiums aufgeführt. Am Abend darauf wurde für die Schüler der oberen Classen ein Ball veranstaltet.

Am 22. April und am 14. October fand die gemeinschaftliche Abendmahlsfeier der Lehrer und Schüler statt. Die Vorbereitungsrede am Tage vorher und die Betstunde am Communiontage selbst hielten der Religionslehrer Dr. Wild und der Rector. — Die vom Religionslehrer vorbereiteten 23 Confirmanden wurden Sonnabend den 5. März, in Gegenwart der Lehrer und ihrer Eltern, vom Herrn Pastor Primarius Dr. Rüling geprüft und Tags darauf (am Sonntag Laetare) in der Petrikirche confirmiert.

Zwei Schüler wurden uns in diesem Jahre durch den Tod entrissen: der eine, der Unterquintaner Georg Wilhelm Schurig aus Bautzen, hatte schon seit Ostern gekränkelt und daher die Schule nicht besuchen können; er starb am 21. October, 13 Jahr alt, nach langem Leiden, die er mit grosser Geduld und Ergebung getragen hatte; der zweite, der Unterquintaner Curt Theodor Junghänel, ein lebensfrischer, begabter und hoffnungsvoller Knabe von 14 Jahren, wurde, nachdem er noch wenige Tage vorher die Schule besucht hatte, am 28. Januar von einer hitzigen Krankheit dahingerafft; beide wurden von ihren Lehrern und Mitschülern zu ihrer letzten Ruhestätte geleitet.

Der Schluss des Cursus ist auf den 21. März festgesetzt, an welchem Tage die Schüler ihre Censuren erhalten werden, um sie während der Ferien ihren Eltern zur Einsicht und Unterschrift vorlegen zu können. Die Prüfung und Aufnahme neuer Schüler wird Montag, den 4. April, statt finden. Anmeldungen erbittet sich der unterzeichnete Rector vor dem Osterfeste. Die Aufzunehmenden haben ein Schulzeugnis, einen Tauf- und Impfschein, Auswärtige auch einen Heimathsschein, Confirmierte einen Confirmationsschein beizubringen, und sich am Tage vor der Prüfung dem Rector vorzustellen. In die letzte Progymnasialclasse (Sexta) können Knaben, wenn sie die erforderlichen Kenntnisse und Fertigkeiten besitzen, im 10. Lebensjahre aufgenommen werden, und ist den Eltern, welche ihre Söhne in diese Classe aufgenommen zu sehen wünschen, dringend zu rathen, dass sie uns dieselben spätestens im 12. Lebensjahre zuführen. Auswärtigen Eltern wird der unterzeichnete Rector auf schriftliche oder mündliche Anfragen, so weit möglich, Nachweisungen von Wohnungen geben.

II. Uebersicht des von Ostern 1863 bis Ostern 1864 ertheilten Unterrichts.

A. In den Sprachen und Wissenschaften.

Prima. Classenlehrer der Rector.

1) **Religion**, comb. mit Cl. II., wöch. 2 St. Einleitung ins A. T. mit Rücksicht auf die Bedeutung des mos. Gesetzes und der Propheten in der Entwickelung des Reiches Gottes und die messian. Weissagungen; im W. Wesen und Verfall des Heiden- und Judenthums; Geschichte des alt- und neu-testam. Kanon, der Bibeläbers. und das Symb. apostol. Kirchengeschichte bis zur Reformation. Wild. 1 St. Bibellection, im S. die evangelischen Perikopen, im W. die Sonntagsepisteln. Palm.

2) **Deutsche Sprache**, w. 3 St. Literaturgeschichte von den ersten Anfängen bis Lessing. Lesen von Schillers Braut von Messina und Tell. Uebungen im freien Vortrag und Declamieren. Correctur der Aufsätze (6). Rössler.

3) **Latein**, w. 9 St., und zwar im S. 4 St. Cic. or. pro Mil. Palm. 2 St. ausgewählte Gedichte des Catull. u. Proport. Schubart; im W. 4 St. Horat. od. l. I. II. Palm 2 St. Cic. de nat. deor. l. II. Jähne; im S. u. W. 1 St. Extemporalien und Uebungen im Lateinsprechen. 2 St. Emendation der lat. freien Arbeiten (10) und Pensa; Uebungen im Declamieren in lat. und griech. Sprache. Palm.

4) **Griechisch**, w. 6 St. 3 St. Soph. Aiax im S., Eurip. Iphig. in Taur. im W. Palm. 2 St. Demosthenes or. de Chersou. Philipp. I. II. de pace, im S. Jähne, im W. Schottin. 1 St. Pensa und Extemporalien (18). Palm.

5) **Hebräisch**, w. 2 St. Ausgewählte Psalmen (59). Jähne.

6) **Französisch**, w. 2 St. 1 St. Cuvier, eloges historiques de Mr. le comte de Lacépède, Fortsetzung pag. 127—156; de Heurl Cavendish, p 157—180, sodann Barante, histoire de Jeanne d'Arc, chap. 1—7; 1 St. les poètes et les prosateurs du 17me, 18me, 19ième siècle. Syntaxe, les participes, analyse grammaticale, schriftliche Uebungen. Schumann-Leclereq.

7) **Geschichte**, w. 2 St. Die neue Zeit von 1789—1815 1492—1618. Repetition der beiden letzten Perioden des Mittelalters. Rössler.

8) **Mathematik**, w. 4 St. Trigonometrie Die regelmässigen Vielecke. Die Kreisberechnung Die Lehre von den Wurzeln und Potenzen mit gebrochenen Exponenten Die Rechnungen über Zinseszinsen. Die höhere arithmetischen Reihen. Koch.

9) **Physik**, w. 2 St. Lehre vom Licht; Lehre vom Gleichgewicht und der Bewegung der flüssigen und luftförmigen Körper; Beschreibung einzelner Sternbilder Klaus.

Die Primaner lasen privatim Homers Ilias, Liv. l. I. und Abschnitte aus den übrigen Büchern der ersten Decade, einige Ciceros Tusc l. I—IV de offic. l. und einige Reden unter Aufsicht des Rectors.

Secunda. Classenlehrer Prof. Dr. Jähne.

1) **Religion**, w 3 St. Comb. mit Prima

2) **Deutsch**, w. 3 St. Rhetorik. Von der Anordnung und dem Ausdruck Verslehre. Lesen von Schillers Jungfrau von Orleans und Maria Stuart. Uebungen im Declamieren Correctur der Aufsätze (6). Rössler.

3) **Lateinisch**, w. 9 St. Im S. 4 St Cic. or. pr P. Corn. Sulla. Jähne; 2 St Virg Aen. VI. Schubart; im W. 4 St T. Liv ab u r. l. I Jähne. 2 St. Auswahl aus Ovid. Fast. Schubart 1 St Repet. der Syntax u. Mildend und Grüt § 1—279. 2 St. Emendat. der Scripta (20), metr. Uebungg (8), u Aufsätze (7). Jähne.

4) **Griechisch**, w. 6 St Im S 3 St. Lys or XXV XVI XXXI. XXX; im W. Herodot. histor. l. V r. Kap 23 an. Jähne. 2 St. Hom. Il. XV. XVI. XXII XXIV Palm 1 St Syntax u. Curt § 559—643 u. 361—443 nebst Scriptis (20). Jähne

5) **Hebräisch**, w 2 St. Formenlehre mit Uebungg. in Gesen. Lesebuche S. 62—68 u S. 1—13 Jähne.

6) **Französisch**, w. 2 St. 1 St. Paganel, histoire de Frédéric le Grand, l. I. chap. 1—13. 1 St. Grammatik nach Borel Syntaxe du verbe, chap. V § 75—111 Schriftliche Uebungen. Schumann-Leclereq.

7) **Geschichte**, w. 2 St. Das Mittelalter von 1096—1492. Repetition der alten Geschichte. Rössler.

8) **Mathematik**, w. 4 St. Die Lehre vom Kreise. Erklärung der trigonometrischen Functionen Der erste Abschnitt der Stereometrie. Die Lehre von den Logarithmen Uebungsaufgaben aus der Buchstabenrechnung. Die Lehre von den Potenzen mit ganzen Exponenten Koch.

9) **Physik**, w. 2 St. Lehre von der Wärme; mechanische Eigenschaften der Körper; Lehre vom Schall. Klaus.

Privatim lasen die Secundaner im S. Cic or pr Q. Ligar. u pr r. Deiot; im W. pr Arch p. u in Catil. III unter der Aufsicht des Classenlehrers, II. XIII XIV XVII—XXI XXIII. I II unter der Aufsicht des Rectors.

Tertia. Classenlehrer Gymnasiallehrer Dr. Schubart.

1) **Religion**, w. 2 St. Die prophetische Thätigkeit Christi; im W. der Erfolg der Wirksamkeit Jesu, die letzte Zeit seines Lebens, Tod und Auferstehung; das apostolische Zeitalter bis zum Apostelconvent Act. 15. Wild. 1 St. Bibellection, comb. mit IV. im S. Ev. Matth. 5. 6. im W. Ev. Matth. 23. 24, 37—25. Wild.

2) **Deutsch**, w. 2 St. Lesestücke aus Viehoffs Lesebuche 2. Theil in Hinsicht auf Disposition und Gedankengang erklärt. Correctur der (8) Aufsätze. Uebungen im Declamieren. Wild.

3) **Lateinisch**, w. 10 St., und zwar 3 St. Cic. pro Lig. und Deiot. im S.; Auswahl aus Cic. epist. in chronologischer Folge (zusammen 41) im W. Schubart. 2 St. Ovid. Met. I, 163—747 im S. Jähne; VI, 146— 312, VII, 1—349. 490—660 im W. (im S. wurde Cic. pro Lig., im W. Ovid wöch. wenigstens 15 V. (zusammen 384 V.) memoriert) Schubart. 2 St. Syntax nach Middendorf und Grüter §. 428—489. 508—533. 1—279; 2 St. Correctur der schriftlichen Arbeiten mit metrischen Uebungen. Schubart. 1 St. Extemporalien. Palm.
4) **Griechisch**, w. 6 St. 2 St. Xen. Anab. I. IV. V. Schubart. 2 St. Hom. Od. XI, 151—XIII, 135. XIV, 1—165 im S. Schottin, V. im W. Jähne. 1 St. Syntax (Artikel, Pronomina, Genera verbi, Tempora, die Modi in Hauptsätzen Conjunctiones. Die Modi in Nebensätzen. Die Negationen). 1 St. Emendation der wöch. Pensa, welche abwechselnd zu Haus und in der Schule gearbeitet wurden. Schubart.
5) **Französisch**, w. 2 St. 1 St. Lecture aus Lüdeckings franz. Lesebuche. 1. Abth. Geschichte; Analyse des Gelesenen 1 St. Grammatik von Plötz Zahlwörter, Fürwörter, vom verbe bis Lection 75; schriftliche Uebungen. Schumann-Leclercq.
6) **Geschichte**, w 2 St. Orientalische und griechische Geschichte. Repetition der römischen Rössler.
7) **Geographie**, w 2 St. Amerika im S.; Afrika und Australien nebst Oceanien im W Schottin.
8) **Mathematik**, w. 4 St. Die Eigenschaften der Dreiecke Die ersten Sätze aus der Lehre vom Kreise. Die Lehrsätze über das Parallelogramm und die Flächengleichheit der Parallelogramme und Dreiecke. Der pythagoreische Lehrsatz Die Buchstabenrechnung Die Lehre von den entgegengesetzten Zahlen. Die Auflösung der einfachen Gleichungen. Die Berechnung der Quadratwurzel. Koch
9) **Naturkunde**, w. 2 St. Physische und mathematische Geographie. Kloss
Privatim im Abth. I im S. Hom. Od. I. II. V—VIII (Jüming I—V. XIX—XXIII), im W. XV—XXI; Abth. II im S Hom Od. XIII. XIV, im W 1—III; Abth. III im S Caes b. Gall I. II, im W. b Gall. I—III.

Quarta. Classenlehrer Gymnasiallehrer Dr. Schottin.

1) **Religion**, w 2 St.; parallel mit Tertia. 1 St. Bibellection, comb. mit Tertia Wild.
2) **Deutsch**, w 2 St Satzlehre an Lesestücken aus Vichoffs Lesebuche 2. Th; Correctur der (mon.) Arbeiten und Uebungen im Declamieren. Kloss.
3) **Lateinisch**, w. 10 St., und zwar 3 St. Caes d b. G. lib. VII. I. Schottin. 2 St. Franke post. Chrestomathie. Weicker 2 St. Syntax nach Middendorf und Grüter: Casuslehre, Infinitiv, Gerundium, Tempora, Modi, Coordination, Subordination der Sätze, Consecutio temporum. Memorieren von Distichen aus Frankes Chrestomathie; prosodische Uebungen, Uebungen im Verfertigen latein. Distichs. 2 St Emendation der wöch. Scripta. Schottin. 1 St. Extemporalien Palm
4) **Griechisch**, w. 6 St. 2 St. Halms Lesebuch, p 109—152 Schottin. 2 St. Ebendas Spruchverse und Fabeln des Babrius nr 1—17. Schubart. 2 St. Formenlehre, vorzügl. Einübung der unregelm. Verba, Emendation der wöchentl. Scripta Schottin.
5) **Französisch**, w 2 St. 1 St. Lectüre aus Müllers franz. Lesebuche, Erzählungen, Beschreibungen, historische Bruchstücke. 1 St Grammatik nach Plötz, Formenlehre, Lection 1—80 verbunden mit schriftlichen Uebungen. Schumann-Leclercq.
6) **Geschichte**, w. 2 St Orientalische und griechische Geschichte. Repetition des ersten Cursus von Schäfers Tabellen. Rössler.
7) **Geographie**, w 2 St. Die slavischen Länder und die Balkanhalbinsel, die roman. Länder. Schottin.
8) **Mathematik**, w 4 St. Einleitung in die Geometrie. Von den geraden Linien, Winkeln, Parallelen. Die Congruenz der Dreiecke Der zweite Abschnitt der Lehre von den Decimalbrüchen Der zweite Abschnitt der Lehre von den gemeinen Brüchen. Anwendung auf praktische Rechnungen. Koch.
9) **Naturkunde**, w. 2 St. Geologie im S. und Mineralogie im W., nach Schillings Mineralreich Kloss.

Oberquinta. Classenlehrer Cantor Schaarschmidt.

1) **Religion**, w. 3 St., comb. mit Unterquinta. 2 St Katechismus; im S. 2. u. 3. Artikel; im W. Einleitung in die h. Schrift und den Katechismus Die 5 ersten Gebote. Wild.
2) **Deutsch**, w. 2 St. Correctur der Aufsätze; Uebungen im Declamieren; w. 1 St. Lesen und Erklären einiger Lesestücke und Gedichte, zugleich mit Quinta H. Schaarschmidt.
3) **Lateinisch**, w. 10 St. 3 St. Corn. Nep. Eumenes bis M. Porcius Cato. Schaarschmidt. 2 St. Phaedri fab. I IV. V. I. II. Prosodie. Schottin. 2 St. Grammatik nach Middendorf und Grüter I. §. 149—193. §. 243—256. II. §. 26—101; ausserdem was vom Gerund., dem Supin. und dem Particip. bei der Lectüre und den schriftlichen Arbeiten zu wissen nöthig war. 1 St. Extemporalien. 2 St. Correctur der schriftlichen Arbeiten. Schaarschmidt.
4) **Griechisch**, w. 6 St. 2 St. Grammatik nach Curtius, die regelmässige Formenlehre. Correctur der schriftlichen Arbeiten. 2 St. im S. 3 St. im W. ausgewählte Stücke aus Halms Lesebuch 1. Curs. Schubart.
5) **Geschichte**, w 2 St. Im S. die Geschichte des Mittelalters bis Rudolph von Habsburg; im W. die Geschichte des Mittelalters von 1273 an und die Geschichte der neueren Zeit. Nach Bredow und Schäfers Geschichtstabellen I. Cursus. Wild.
6) **Geographie**, w 2 St. Die Länder des deutschen Bundes, kurze Uebersicht der aussereuropäischen Länder nach Schachts klein. Geographie. Schottin.
7) **Rechnen**, w. 2 St. Der erste Abschnitt der Lehre von den Decimalbrüchen. Der erste Abschnitt der Lehre von den gemeinen Brüchen. Anwendung auf praktische Rechnungen. 1 St. geom. Anschauungslehre. Koch.
8) **Naturkunde**, w. 2 St. Einzelne Abschnitte aus der Pflanzenmorphologie und Pflanzenphysiologie Beschreibung einzelner Pflanzenfamilien. — Naturgeschichte der Gliederthiere und Schleimthiere. Kloss

Unterquinta. Classenlehrer Gymnasiallehrer Dr. Rössler.

1) **Religion**, w. 3 St. Comb. mit Oberquinta.

2) **Deutsch**, w. 3 St. 2 St. Correctur der Aufsätze; Uebungen im Declamiren; Lesen und Erklären einiger Prosastücke und Gedichte aus Vishoffs Lesebuch 1. Theil. Wild. 1 St. comb. mit Oberquinta.

3) **Lateinisch**, w. 10 St. 8 St. Repetition und Ergänzung der Formenlehre. Syntax nach Middendorf und Grüter I. 2. 4. 7—40. Gelesen wurde aus den lateinischen Uebungsstücken der Grammatik IV—VI. Correctur der wöch. Scripta. Rössler. 2 St. Jacobs lat. Elementarbuch, röm Gesch. I, 1—VI, 5. Schaarschmidt.

4) **Griechisch**, w. 4 St. S. u. W. Declination der Nomina, Conjugation der regelmäss. Verba auf ω nach Curtius Grammatik. Correctur der schriftlichen Arbeiten. Lesen einiger Abschnitte aus Halms griech. Lesebuch. Weicker.

5) u. 6) **Geschichte** und **Geographie**, comb. mit Oberquinta.

7) **Rechnen**, w. 3 St. (2 St. schriftl. Rechnen und 1 St. Kopfrechnen) Die vier Species in benannten Zahlen und Anfänge der Bruchrechnung (halbj. Cursus). Kloss

8) **Naturkunde**, comb. mit Oberquinta.

Sexta. Classenlehrer Dr. Weicker.

1) **Religion**, w. 4 St. Geschichte des alten Bundes nach Zahn. Die 3 ersten Hauptstücke wurden memoriert und der Wortlaut erklärt. Sprüche besond. zum ersten Hauptstück wurden gelernt; desgleichen einige Kirchenlieder. Wild.

2) **Deutsch**, w. 5 St. Elemente der Satzlehre. Stilistische und orthographische Uebungen durch Dictate und Aufsätze (Wiedergabe einer mündlichen Erzählung oder eines Gedichtes). Lesen in Vishoff, Lesebuch f. d. untere Classen. Declamieren. Weicker.

3) **Lateinisch**, w. 10 St. (halbjähriger Cursus.) Regelmässige Formenlehre nach Middendorf und Grüter, eingeübt durch schriftl. und mündl. Uebersetzen aus Ostermann, Uebungsbuch für Sexta. Middendorf latein. Gramm. I, 2 lat. Uebungsstücke 1 II. gelesen. Correctur der wöchentl. Scripta Weicker.

4) **Geschichte**, w. 2 St. Im S. die Geschichte der Aegypter, Phönicier, Assyrer, Meder, Babylonier, Perser und das Wichtigste aus der griechischen Mythologie und Heroenzeit; im W griechische und römische Geschichte nach Schäfers Tabellen 1. Cursus. Wild.

5) **Geographie**, w. 2 St. Geogr. Fundamentalsätze, allgem. Uebersicht der Erdtheile, Beschreibung Palästinas im S.; Gebirge und Flussgebiete von Mitteleuropa, Beschreibung Sachsens im W Kloss.

6) **Rechnen**, w. 3 St. (2 St. schriftlich und 1 St. Kopfrechnen) Die vier Species in unbenannten und benannten Zahlen. Kloss.

7) **Naturkunde**, wöch. 2 St. Elemente der Botanik; Anthropologie; Naturgeschichte der Säugethiere Kloss.

Wendischer Unterricht. Obere Abtheilung. Lesen, Schreiben, Conversationsübungen; Uebersetzen aus dem Deutschen ins Wendische und umgekehrt; Vergleichung der wendischen mit andern Sprachen; Grammatik: 2. Hälfte, besonders die Präpositionen. w. 1 St. Mros. Untere Abtheilung. Uebungen, wie bei der obern Abtheilung, nur leichtere; Grammatik: 1. Hälfte, besonders die Nomina. w. 1 St. Mros.

Anmerkung. Seit Ostern 1863 haben eine Anzahl Schüler der obern Abtheilung unter Inspection des Lehrers auch Selbstübungen im Wendischen. w. 1 St.

B. In den Künsten und Fertigkeiten.

1) **Gesang**, allg. Gesangübungen, w. 4 St. Uebungen mit dem Inquilinerchor, w. 2 St. Schaarschmidt.

2) **Schreiben**, Cl. V. und VI, w. 2 St. Cl. VI, w. 2 St. Schaarschmidt.

3) **Zeichnen**, w. 4 St. (facultativ). Die Schüler, welche am Zeichenunterricht Theil nahmen, zerfielen in 2 Abtheilungen, deren jede 2 St. wöchentlich hatte. von Gersheim

4) **Turnen**, w. 11 St. Der ganze Cötus in 5 Abtheilungen; die Vorturner wurden in einer besonderen Stunde geübt. Buhle.

III. Vermehrung des Lehrapparates.

An Geschenken erhielt die Gymnasialbibliothek: von dem Königl. Ministerium des Cultus und öffentlichen Unterrichts: Kloss, Anleitung zur Ertheilung des Turnunterrichts; von Herrn Hofrath Stöckhardt in Jena: Zeitschrift für deutsche Landwirthe, Jahrgang 1863; Hesychii lexicon ed. Schmidt. Fd. min. P. l.; von der Teubnerschen Buchhandlung: Heinichen, lateinisch-deutsches Schulwörterbuch. — Angeschafft wurden ausser den Fortsetzungen der früher aufgeführten Werke und Zeitschriften: Poetae lyrici Graeci ed Bergk. — Poetae bucolici et didactici ed. Didot. — Sophoclis Oed. ed. Meineke. — Polybius ed. Bekker. — Plutarchi moralia ed. Didot. — Appiani historia ed. Dindorf. — Dio Cassius ed. Dindorf. — Stobaei Physica und Florilegium ed. Meineke. — Laurentii Lydi über de ostentis. — Corpus inscriptionum latinarum Vol. l. — Halm, rhetores Latini. —

Lucretius ed. Lachmann. — Tibullus ed. Dissen. — Ciceronis opera edd. Halm et Baiter. — Karsten, Q. Horatius Flaccus. — Ovidii Fasti ed. Merkel. — J. Bekker, homerische Blätter. — Becker u. Marquardt, Handbuch der römischen Alterthümer. — Becker, Gallus u. Charikles. — Gerhard, griechische Mythologie. — Böckh, Staatshaushaltung der Athener. — Bursian, Geographie von Altgriechenland I. — Niebuhr, römische Geschichte. — Drumann, römische Geschichte. — Peter, Studien zur röm. Geschichte. — Wagner, malerische Botanik. — Fortschritte der Physik im Jahre 1861. — Arago, Astronomie. — Cantor, mathematische Beiträge. — Gödeke, Grundriss der deutschen Dichtung. — Schmidt, Freiheitskriege. — Kohlrausch, Erinnerungen. — Classen, Fr. Jacob. — Planiglob von Sydow. — Winkelmann, Wandkarte von Deutschland.

Das naturhistorische Cabinet wurde durch Geschenke von Herrn Hauptmann Bartcky und Herrn Steuerconducteur Ranfft bereichert.

IV. Statistik.

Die Schule zählte am Schluss des vorigen Schuljahres	158 Schüler,
von diesen gingen nach dem Osterexamen ab	15
Es blieben also	143
Aufgenommen wurden Ostern 33, im Laufe des Schuljahres 12, zusammen	45
Es besuchten also die Schule während desselben überhaupt	188
Von diesen gingen vor dem Schluss desselben ab 22, 2 starben,	24
so dass die Schule am Ende des Schuljahres	164

Schüler zählt.

Von den Abgegangenen bestanden 7 die Maturitätsprüfung:

Name:	mit dem Zeugnis im Wissenschaften.		ging nach	um zu studieren:
	in Sitten			
a) zu Ostern 1863:				
1) Rudolph Hermann Schniebs aus Nieder-Oderwitz. geb. 1841, aufgenommen 1854. 2 Jahre in Prima.	I	III	Leipzig	Medicin.
2) Friedrich Georg Trautzschel aus Budissin, geb. 1844, aufg. 1855. 1½ J. in Pr.	I	II	„	Theologie.
3) Ernst Adolph Liesske aus Grossschweidnitz, geb. 1840, aufgen. 1856. 1½ J. in Pr.	I˙	III˙	„	„
4) Carl Bruno Detlev Bräuer aus Budissin, geb. 1844, aufg. 1855. 1½ Jahr in Prima.	I	II˙	„	Jura.
5) Michael Lange aus Gnaschwitz, geb. 1840, aufgen. 1854. 1½ Jahr in Prima.	I	III˙	„	Theologie.
6) Joh. Ernst Traugott Herrmann aus Auritz, geb. 1840, aufgen. 1854. 1½ J. in Pr.	I	III	„	Medicin.
b) Michaelis 1863:				
7) Hermann Eduard Grundmann aus Göda, geb. 1842, aufg. 1856. 1½ Jahr in Prima.	I	II˙	„	Theologie.

Ausser diesen bestanden Ostern auf Anordnung des K. Ministeriums des Cultus u. öff. Unt. die Reifeprüfung mit unsern Schülern zwei Zöglinge der chirurgisch-medicinischen Akademie zu Dresden, Carl August Uhlig aus Zwickau und Ernst Robert Engelmann aus Penig. Beide erhielten die Censur III.

Ausserdem verliessen die Schule, theils zu Ostern, theils im Laufe des Schuljahrs aus Prima: 1) L. von Seebach aus St. Petersburg (auf unsere Veranlassung; wird Militär); aus Secunda: 2) A. v. Sommerlatt aus Kleinbänchen (Militär), 3) E. Körnig aus Königswartha (Bergakademie), 4) H. J. Hübner aus Weisbach (wird Oekonom); aus Tertia: 5) E. A. H. Schaffrath aus Budissin (Schullehrerseminar), 6) K. Ed. Schubert aus Zittau (will Maler werden); 7) G. A. Herrmann aus Kunewalde, 8) K. J. Ose aus Liebschwitz, 9) R. Wünsche aus Ebersbach, 10) J. R. Flachs aus Pirna (gingen sämmtlich auf die Kreuzschule), 11) B. A. Franke, 12) K. E. Lommatzsch von hier (zum Postfach), 13) R. Willkomm aus Ebersbach (wird Musiker), 14) M. Rätze aus Haynitz (Oekonom); aus Quarta: 15) A. E. Th. G. Heino von hier (wird Maler), 16) C. P. A. Schreiber aus Strehla (Chemiker), 17) E. O. Hartmann von hier (ging zur Post), 18) G. E. Falcke von hier (Schullehrerseminar), 19) O. H. Hofmann aus Zittau (wird Kaufmann), 20) E. W. Richter aus Rammenau (Kreuzschule), 21) E. H. Vogel aus Klix (Apotheker); aus Quinta: 22) M. A. M. Landgraf aus Pirna, 23) A. P. Heyne aus Zwippendorf, 24) F. Th. Goltzsch aus Baruth (gingen auf andere Schulen), 25) G. A. Kaiser von hier (unbest.), 26) M. B. Lehmann aus Hochkirch (wird Expedient), 27) K. H. A. Schubardt aus Löbau (Apotheker), 28) A. E. R. Schumann-Leclercq aus Budissin (Bürgerschule); aus Sexta: 29) P. A. E. Sandig aus Dresden (wird Kaufmann) und 30) O. C. Haubold aus Zwickau (desgl.).

Verzeichnis der Schüler beim Schluss des Schuljahres 1863—1864.

Die Namen der während des Schuljahres Aufgenommenen sind mit * bezeichnet.

Name.	Geburtsort.	Stand des Vaters.	Name.	Geburtsort.	Stand des Vaters.
Prima.			J. T. Ackermann	Weissenberg	Nahrungsbes.
F. R. Dressler	Budissin	Gymnasiall. †	L. A. Ritscher	Gr.-Postwitz	Kirchschull.
K. O. Grohmann	desgl.	Tuchmacherm.	P. R. Lieschke	Luga bei	Kirchschull.
H. M. Lehmann	Hoyerswerda	Seifensiederm.		Neschwitz	
W. Th. Lehmann	Wilthen	Pastor.	F. E. Jessing	Budissin	Apotheker.
F. E. Kupfer	Budissin	Bezirksarzt.	C. A. A. Feige	desgl.	Fleischermstr.
G. E. E. Schumann	desgl.	Geometer.	C. Th. O. Seidel	Kamenz	Pastor.
C. G. Bienert	Weissbach	Gutsbesitzer. †	H. C. Hentschel	Budissin	K.-D.-Registr.
H. H. Graf v. Einsiedel	Dresden	Rittergutsbes.			
St. Hoffmann	Budissin	Rect. em. u. Pr.	**Tertia.**		
P. E. Kaden	Kamenz	Kaufmann.	E. J. Hadank	Gr.-Postwitz	Pastor.
O. Mussiggang	Budissin	Soldat.	P. J. Kruger	Purschwitz	Pastor. †
M. H. Made	desgl.	Buchdrucker.	E. R. Junghänel	Weissenberg	Pastor.
G. L. A. Lehmann	Bischofswerda	Superintend. †	C. A. Richter	Steinicht-	Weberinstr.
E. M. Wehle	Scheckwitz	Gutsbesitzer.		wolmsdorf	
F. H. Schmidt	Budissin	Gerichtsdir. †	K. C. Kruger	Purschwitz	Pastor. †
K. A. Kalich	Leutwitz	Nahrungsbes.	E. W. Mattig	Breitendorf	Mühlenbes.
C. G. R. Gelhe	Budissin	Buchbinderm.	A. C. Menzner	Krackwitz	Rittergutsbes.
O. Lehmann	Nd.-Leutersdf.	Lehrer.	P. E. Hermann	Weidlitz	Rittergutsb. †
* E. W. A. v. Mayer	Ruppersdorf	Ldschstr. a. D.	U. C. Schaarschmidt	Budissin	Cant. o. Gymnal.
J. R. Urban	Oppitz	Lehrer.	A. A. H. Pfeiffer	desgl.	Drechsler.
			H. H. Eras	Schonfeld bei	Pastor.
Secunda.				Grossenhayn	
C. F. Hetzer	Budissin	Rathswachtm.	W. W. E. Leuner	Kamenz	Seminardir.
K. O. Mrosack	Särchen bei	Lehrer.	A. E. J. Pache	Sebnitz	Oberlehrer.
	Hoyerswerda		M. R. Herzog	Neschwitz	Kirchschull.
A. E. Kölbing	Herrnhut	Dr. med.	M. Mietschke	Milkel	Mühlenbes.
J. R. Voigt	Güda	Diaconus.	K. G. Kabe	Klix	Schmiedemstr.
H. P. Wetzke	Budissin	Pastor.	J. K. T. Hennig	Rammenau	Tischlermstr.
M. Pech	Siebitz	Gutsbesitzer.	H. G. Richter	Budissin	Advocat.
O. E. Walter	Budissin	Tischlermstr.	* J. R. A. v. Gersdorff	Dresden	O.-Hofmarsch.
J. B. Kruschwitz	Lang-Förstgen	Pastor.			
H. A. O. Gutsche	Budissin	Schuhmacherm.	**Quarta.**		
M. Ph. Voigt	Groditz	Pastor. †	H. E. Darschau	Budissin	Strumpffabr.
K. G. O. Kanig	Klix	Pastor.	C. E. Hech	Pirna	Dr. med.

N a m e.	Geburtsort.	Stand des Vaters.	N a m e.	Geburtsort.	Stand des Vaters.
* C. E. Hempel	Hernstadt	Advocat. †	A. Schneider	Drehsa	Hibetrolport.
P. A. Lippitzsch	Lubachau	Gartennahrgb.	J. C. Khrig	Hudissin	Landsyndicus.
K. A. Kalauch	Welgsdorf	Leinweber.	C. O. A. Martini	Weissenberg	Advocat.
G. A. Leupold	Löbau	Leinweber.	M. G. Berthold	Pohla	Pastor. †
Ch. G. Helger	dengl.	Gerber.	A. O. E. Näther	Neuschönefeld	Apotheker.
C. E. Grohmann	dengl.	Pfefferküchler.		bei Leipzig	
M. O. Oette	dengl.	Arzt.	H. P. Pohle	Hudissin	Cassirer.
* C. A. H. Hennig	Kamenz	Agent.	* Fr. K. Seeliger	Nossen	Directur.
J. A. Tempel	O.-Kunnersdf.	Factor.	* G. G. Müller	Eisnig b. Torg.	Gutsbesitzer.
F. W. Küntzel	Hudissin	Fleischermstr.	C. O. X. von Lenz	Dresden	Obristlieutnt.
K. G. A. Halzer	dengl.	Nagelschmdm.	L. A. v. Hausen	dengl.	Oberst.
A. H. Hantusch	Berzdorf a. d.	Kirchschull.	G. Haberland	Hudissin	Ceremonimm.
	Eigen		* C. O. K. Gelbe	dengl.	Buchbinderm.
J. A. Hräuer	Prietitz bei	Schullehrer. †	* G. Stosch	dengl.	Kaufmann.
	Kamenz		* Th. Kunath	dengl.	Koffertrager.
* P. R. v. Summerlatt	Kleinhänchen	Rittergutsbes.	W. I. Heubner	Horka	Ch.-Geld-Ein.
F. W. Hempel	Bretnig	Härkermstr.	C. I. O. Mörklich	Otterschutz	Steuerconduct.
F. R. E. Hentschel	Ulbersdorf	Oekonom.	W. H. H. Klahre	Hudissin	Strumpffabr. †
A. N. B. Bräuer	Crostwitz	Lehrer.	* A. T. Handrick	Kubschütz	Gutsbesitzer.
J. T. Jacob	Hudissin	Pastor. †	T. N. Satorsky	Crostwitz	Med. pract.
E. G. G. Hecker	Seidau	Cantor.	* P. Heink	Leipzig	Advocat u. Not.
P. G. Flonderka	Hudissin	Kaufmann.			
J. K. A. Jähne	Lauba	Gartennahrgb.	*Nexta.*		
H. C. O. Schluckwerder	Hudissin	G.-Amtsnssrn.	P. Haufe	Göda	Dr. med.
H. T. H. Walter	dengl.	Tischler.	H. U. P. Harteky	Dresden	Hauptmann.
A. Gärtner	Burkau	Pastor.	* A. Partzsch	Bornersdorf	Gutsbesitzer.
P. G. A. Katzer	Hudissin	Kaufmann. †	* H. G. Seylert	Hudissin	Gerichtsamtm.
			* W. Reinhard	dengl.	Dr. med.
Oberquinta.			* A. Ochernal	Kattwitz	Rittergutsbes.
* T. Gärtner	Burkau	Pastor.	* H. Edelmann	Hudissin	Regierungsr.
J. A. H. Felffel	Weisskulm	Oberforster.	* R. Dittrich	Schirgiswalda	Kaufmann.
V. J. Riedel	Kloster	Gerichtsaomtm.	G. H. Rull	Schneeberg	H.-G.-Wachtm.
	Marienthal		* J. Schulze	Pulsnitz	Oberpfarrer. †
M. H. Leuner	Hudissin	Riemer †	* F. Schulze	dengl.	Oberpfarrer. †
E. M. Lexner	dengl.	Riemer.	J. H. von Loben	Hudissin	Landsyndicus.
A. V. Th. Gotz	Oppach	Hrdv.-O.-Insp.	* H. R. Gerathewohl	dengl.	Advocat.
H. P. Thumas	Uppach	Pastor.	R. E. N. Kahle	Sichtewitz bei	Kaufmann
A. E. Peschke	Suhland a. R.	Pastor.		Torgau	
L. C. Mosig v. Aehrenfeld	Löbau	Advocat	E. F. O. Kalkhoff	Hudissin	Barbier.
L. E. P. Klepl	Hudissin	Buchhalter.	* Fr. G. v. Criegern	dengl.	App.-G.-Präsid.
H. P. Gerathewohl	dengl.	Advocat.	* H. A. B. Uterhark	dengl.	Stadtkellerp.
R. E. Peschke	Suhland a. R.	Pastor.	* J. A. Grellmann	dengl.	Vorwerksbes.
K. E. Thunig	Hudissin	Nadlermeister.	G. H. H. Schneider	Bischofswerda	Sp.-Kass.-Insp.
P. J. Wehner	Lunzenau	Pastor.	* G. R. Otto	Göda	Bäcker.
C. T. Röseberg	Biehla b. Kam.	Gutsbesitzer. †	* O. Muller	Leipzig	Maurermstr.
F. J. Minchner	Grossradisch	Pastor.	* R. Muller	Eisnig b. Torg.	Kohlenwerksb.
E. O. Kadler	Hudissin	Bierhufsbes.	* G. G. Monar	Hudissin	Werkführer.
E. Th. Mörklich	Otterschütz b.	Steuerconduct.	* H. Unger	Königswalde	H.-Druckereib.
	Königsbruck		* F. H. R. Schurig	Dresden	Oberforster.
E. H. Zimmer	Kuhlwesa	Oekonom.	* G. H. Weinlig	Hudissin	Feldwebel.
H. O. Hadank	Gr.-Partwitz	Pastor.	* E. Holzapfel	dengl	Dr. med.
* O. v. Sommerlatt	Kleinhänchen	Rittergutsbes.	* A. Kanig	Wilsdruff	Gasthausbes.
			* K. W. E. Zechaler	Cossern	Dr. med.
Unterquinta.			* E. R. R. Durkart	Hudissin	Bankdirector.
C. H. Nusck	Pulsnitz	Riemer.	* Th. Hirnlch	Steinitz	Lehrer.
* Ed. P. Neubner	Hudissin	Lehrer.	* P. R. Seyler	Ammelgostew.	Inspector.
L. G. Jonas	dengl.	Restaurateur.	* O. H. Zollner	Hudissin	Inspector.
O. H. Horack	Auritz	Nahrungsbes.	* E. M. P. Klahre	dengl.	Krankenwärt.

Das Praemium Siebelisianum erhielt beim Osterexamen der Primaner K. O. Grohmann, derselbe beim Michaelisexamen die Heringsche Prämie.

Verzeichnis der Lehrbücher.

Lexica: Lateinisch-deutsches Lexicon von Klotz, Georges (Ingerslev); deutsch-lateinisches Lexicon von Georges (Ingerslev). Gradus ad Parnassum von Lindemann, Koch. Griechisch-deutsches Lexicon von Passow, Jacobitz und Seiler, Pape (Benseler); deutsch-griechisches von Rost, Jacobitz, Seiler und Sengebusch. Hebräisches Lexicon von Leopold. Dictionnaire von Thibaut, Schmidt.

Grammatiken: Lateinische Grammatik von Middendorf und Grüter (I—IV 2. Th., III—VI 1. Th.). Griechische Grammatik von Curtius (I—V). Hebräische Grammatik und Lesebuch von Gesenius (Rödiger) (I. II). Französische Grammatik von Plötz, Lehrbuch der französischen Sprache 1. Cursus (IV); 2. Cursus (III. II).

Lehrbücher: Crüger, Katechismus. Zahn, biblische Geschichte (VI. V). Thomasius, Grundlinien zum Religionsunterricht für mittlere Klassen (IV. III). Kramer, Lehrbuch der Mathematik (I—IV). Wittstein, Logarithmen (I. II). Schäfer, Geschichtstabellen (I—VI). Schmidt, Grundriss der Weltgeschichte (1. Th. III. IV, 2. und 3. Th. I. II). Historisch-geographischer Atlas, entweder von Pütz (I. Abth. I—IV, 2. Abth. I. II) oder Rhode (I—IV) oder Schaarschmidt. Schacht, Schulgeographie (V. VI). Atlas von Stieler oder Sydow (III—VI). Greiss, Lehrbuch der Physik (I. II). Schilling, das Mineralreich (IV). Notoliczka, Lehrbuch der Botanik und Zoologie (V. VI).

Lesebücher: Vichoff, deutsches Lesebuch (1. Th. VI. V, 2. Th. IV. III). Ostermann, Uebungsbuch I. Curs. nebst Vocabularium (VI). Jacobs, lat. Elementarbuch I. (V, b). Franke, Chrestomathie aus römischen Dichtern (IV). Halm, griechisches Lesebuch (V. IV). Lüdecking, französisches Lesebuch (III). Müller, französisches Lesebuch (IV).

Schriftsteller: (1864—1865) I. Ciceronis or. Verrinae von Halm u. Brutus von Jahn. — Livius. — Horatius (von Dillenburger, Schmidt, Stallbaum). — Virgil. Georg. von Ladewig. — Sophoclis Oed. T. u. Antigone von Schneidewin (Nauck). — Platonis Crito et Phaedo ed. Hermann (Teubner). — Demosthenes, ausgew. Reden von Westermann 3 Th. — Barante, histoire de Jeanne d'Arc. — II. Livius — Ciceronis or. p. R. Amerino von Halm. — Ov. Fast. u. Tibull. ed. Teubner. — Virgil. Aen. von Ladewig. — Homeri Ilias von Faesi (Dindorf, Bäumlein). — Herodot von Abicht, Stein oder Dietsch. — Paganel, Frédéric le grand. III. Curtius ed. Foss (Teubner). Cicero's Cat. m. von Sommerbrodt. — Ovid. Metamorph. von Siebelis oder Merkel. — Xenoph. Anabasis von Hertlein (Rehdantz, Dindorf). — Homeri Odyssea von Faesi (Ameis, Dindorf, Bäumlein). — IV. Caesaris bell. Gallicum v. Kraner. — V. Corn. Nep. v. Siebelis. — Phaedri fabulae v. Dressler.

V. Ordnung der Schulfeierlichkeiten.

Oeffentliche Prüfung im Saale des Gymnasiums.

Donnerstag, den 17. März, Vormittags von halb 8 Uhr an.

Religion. Quarta. Dr. Wild.
Caesar. Quarta. Dr. Schottin.
Griechisch. Quarta. Derselbe.
Mathematik. Quarta. Koch.
Declamation des Quartaner C. E. Grohmann.

Cicero. Tertia. Dr. Schubart.
Xenophon. Tertia. Derselbe.
Geographie. Tertia. Dr. Schottin.

Nachmittags von 2 Uhr an.

Cornel. Oberquinta. Schaarschmidt.
Griechisch. Oberquinta. Dr. Schubart.

Naturgeschichte. Ober- und Unterquinta. Dr. K l o s s.
Declamation des Quintaner H. P. Thomas.
Lateinisch. Unterquinta. Dr. R ö s s l e r.
Rechnen. Unterquinta. Dr. K l o s s.
Declamation des Quintaner Fr. K. Seeliger.

Freitag, den 18. März, Vormittags von halb 8 Uhr an.

Geschichte. Secunda. Dr. R ö s s l e r.
Livius. Secunda. Prof. J ä h n e.
Herodot. Secunda. Derselbe.
Französisch. Secunda. S c h u m a n n - L e c l e r c q.

Lateinisch. Sexta. Dr. W e i c k e r.
Declamation des Sextaner R. Dittrich.
Geschichte. Sexta. Dr. W i l d.

Nachmittag von 2 Uhr an.

Horatius. Prima. Der R e c t o r.
Astronomie. Prima. Dr. K l o s s.
Euripides. Prima. Der R e c t o r.

Dr. Mättigscher Gedächtnisactus

am Sonntag Palmarum, den 20. März, Nachmittag 3 Uhr im Saale der Bürgerschule.

1) Hymne von J. P. A. S c h u l z, vorgetragen vom Inquilinerchor.
2) Vorträge der Schüler, von denen der erste früher im Genusse der Mättigschen Stiftung gestanden hat, der letzte noch jetzt das Stipendium erhält.

    a) Gedächtnisrede auf den Gründer der Stiftung über das Thema: N o t h i s t d i e
    M u t t e r d e r K r a f t, v. d. Primus d. Schule Robert D r e s s l e r aus Budissin.

    b) Lateinische Rede des Abiturienten Oskar G r o h m a n n aus Budissin über die
    Worte des Xenocrates bei Cicero: i t a i n s t i t u e n d o s e s s e a d o l e s c e n t e s,
    u t i d s u a s p o n t e f a c i a n t, q u o d c o g a n t u r f a c e r e l e g i b u s.

    c) Deutscher Vortrag über E u r i p i d e s' und G ö t h e's I p h i g e n i e a u f T a u r i s
    von dem Abiturienten Haubold Graf v o n E i n s i e d e l aus Dresden.

    d) Lateinische Rede des Abiturienten Stephan H o f f m a n n aus Budissin über
    das Thema: G e n e r o s o s a n i m o s l a b o r n u t r i t.

    e) Abschiedsworte an die scheidenden Freunde, gesprochen von dem Primaner
    Hugo M a d e.

     e von H ä n d e l, gesungen vom Inquilinerchor.
     des R e c t o r s. Entlassung der Abiturienten.
     von J. S. B a c h, gesungen vom Inquilinerchor.

     eneigter Theilnahme an diesen Schulfeierlichkeiten werden die hohen könig-
     , der geehrte Stadtrath als Patron des Gymnasiums, die geehrten Mit-
     nasial-Commission, sowie alle Gönner und Freunde der Anstalt, ins-
     n unserer Schüler ergebenst eingeladen.

     n zu B u d i s s i n, am 8. März 1863.

Dr. **Friedrich Palm.**